I0633638

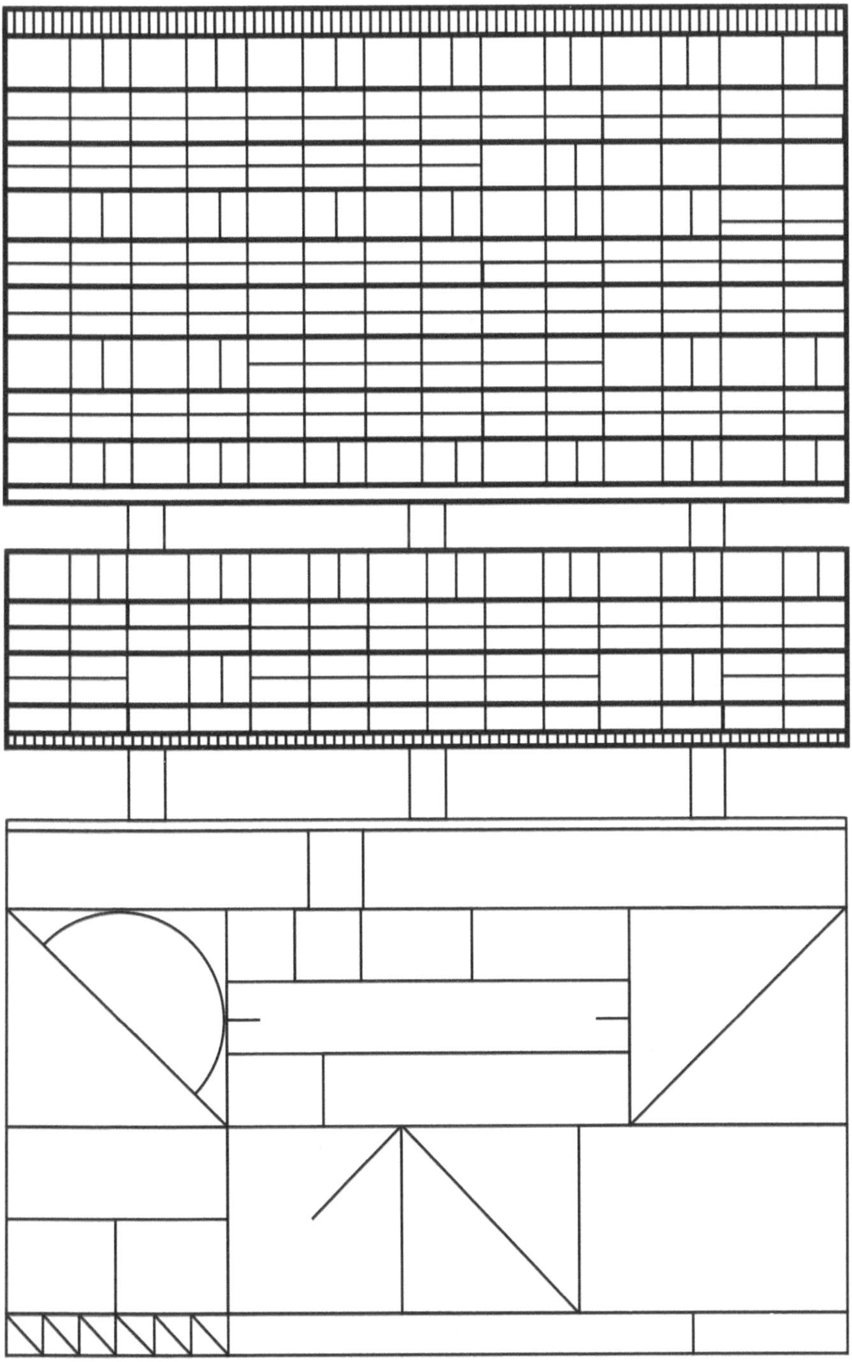

CERRO ⊙≡ GRANDE

EL SUPERBLOQUE

— Leoncio Barrios —

'Alliteratïon

CERRO GRANDE │ LEONCIO BARRIOS
Primera edición: julio, 2020

© Leoncio Barrios
© Alliteratïon Publishing, 2023

Diseño: Elisa Barrios
Portada: Andrea Martínez
Corrección: Amayra Velón y Félix García

ISBN: 978-1-7378537-2-5

LA DÉCADA

1

Estas páginas se refieren a un hogar y a su zona de Caracas, pero en ellas también es mostrada una ciudad dentro de la ciudad y el ágil retrato del país de ayer, de hoy. Todo esto mediante la versatilidad del hombre-niño (o de un niño-hombre) que nos presta su "retrovisor de la memoria" para hacer el recorrido.

Diez años cubren los incidentes narrados, desde 1955. El ámbito: la pequeña y aislada población de El Valle. El hogar: el apartamento 12-33 de un modernísimo y único superbloque, diseñado por Guido Bermúdez, miembro del Taller del Banco Obrero conducido por Carlos Raúl Villanueva, e inspirado en la Unidad Habitacional de Marsella, según las ideas del arquitecto, pintor y escritor suizo-francés Charles-Édouard Jeanneret-Gris, conocido por su seudónimo de Le Corbusier.

Ese edificio es *Cerro Grande*, que acoge a 180 familias, tiene doce pisos, ascensor, apartamentos dúplex, lavandería comunitaria, lavadoras utilizables con fichas, sala de fiestas, cine, hornos para quemar la basura y un piso 4 que es la "pausa arquitectónica" abierta, una especie de "balcón de 360 grados". Sus habitantes han venido de casas, especialmente del oeste de la ciudad; no hay militares, aunque sí allegados a ellos (el ministro de Defensa es pariente del narrador); tampoco hay gente divorciada. Allí se mudan en 1955 la madre de veinte años y el padre sobre los treinta, el férreo matrimonio que ya tiene tres hijos, entre ellos a Leoncio Barrios, el narrador. En síntesis, "un pueblo en vertical" que descubre el confort y algo más.

Este algo más resulta especialmente significativo: porque *Cerro Grande* es una excepción arquitectónica, El Valle continúa siendo tan rural como cuando apenas unas décadas atrás vivía allí el impecable escritor y gran crítico Jesús Semprum y por la Calle Real todavía pueden ser vistos señores a caballo, campesinos y niños puliendo semillas ("cachitos") de bucares; por la zona pasa el autobús que va hacia Prado de María o Coche; en las cercanías vibra el cine *Roxy* con Tin Tan o Ana Bertha Lepe –por lo tanto con el mambo y el chachachá–, lo cual es como decir: El Valle está a las puertas de La Bandera y su semáforo, suprema antesala de la gran ciudad. Todo esto rodea la infancia y adolescencia de nuestro narrador.

Y aún se extiende el valor de ese algo más: *Cerro Grande* es un dinámico punto para el ascenso social: mediante la reciente y efectiva influencia de la televisión, a través de los nuevos clubes o casas regionales, por los vínculos con las vecinas instalaciones militares y, quizá de manera subterránea pero ineludible, por la práctica incesante de las fiestas: los deportes, el carnaval, la diversión.

La Bandera y su semáforo: arco de triunfo que abre la ciudad. Atravesarlo significa el contraste entre aquel mundo vegetal y la modernidad: los niños serán introducidos en calles con edificios, verán autopistas, gozarán del Centro Simón Bolívar y sus prestigiosas heladerías, conocerán el *Coney Island* y sus estrellas musicales, la familia comprará muebles finos y, en susurros, la mamá tratará de disimular, cuando transiten por allí, el paso por Puente Guanábano, lugar de suicidas.

Pero la ciudad palidece junto a la energía con que ante nosotros aparece el superbloque y su apartamento 12-33. Estructura, paredes, tráfico vecinal, límites internos y exteriores, colores y sonidos, remanencia de costumbres, hábitos nuevos, solidaridad y distancia; vida pública y secretos intuidos, amistades y picardías: un tejido psíquico y material tiende el autor para que también nosotros, hoy, podamos integrarnos, con melancolía, complicidad y risas al superbloque.

2

La acción social más cumplida en estas páginas por su protagonista es la de bailar. Por él y los vecinos.

Como futuras réplicas de cuanto ha sido el país, pasan la vida canturreando, bailando. Aquí, a cada tantas páginas, salta un cancionero popular, con letra y casi cantado. Pero no nos dejemos engañar: tras esa fuerza risueña, el chico adivina y vive, lo que había anotado el poeta José Antonio Ramos Sucre, "la aspiración de las criaturas (…) se torna angustiosa bajo el peso de la sombra. Adivinan y sienten el cerco de un cautiverio" (*Santoral*). El apartamento es allanado por la policía política con inusitada frecuencia, el padre no cesa de estar preso ("Papá que no hacía nada, solo jugar a los caballos"); y la familia materna, incluida la madre misma (esa que ama las gladiolas), sufre persecuciones, asilos, padece por muertes. A la pesadilla militar sucede la "visibilidad" adeca. En ese hogar las mujeres no lloran, a diferencia del púber que nos habla ("Me leía hasta los obituarios, uno a uno").

Y es él mismo quien recoge el sobresalto de todos ante los esbirros, quien muy temprano advierte que el himno nacional, entonces –u hoy–, es cantado desde la ignorancia; quien intuirá cómo los emigrantes llegados de Europa, a la vez que progresan, sienten que están en "un país por hacer", mientras contribuyen a darnos un "carácter cosmopolita". En la percepción del autor, ese "país de oropel", acoge un signo trágico para *Cerro Grande*, cuya altura también puede convertirse en sitio apropiado para quienes determinan suicidarse.

El paisaje de El Valle se transforma (cerros derrumbados, maquinarias, construcciones planificadas, proliferación de ranchos, desorden) y en el superbloque y en la zona adquieren fuerte carácter dos deseos: para las muchachas, llegar a ser reina; para muchos, la carrera militar. ¿Un sello atávico?

3

Teresa de la Parra vive algunos años de su infancia en la hacienda de caña *Tazón*. En 1926 comienza a escribir su novela *Las memorias de mamá Blanca*, cuyos personajes recorren el siglo XIX desde, aproximadamente, 1855. Cuando décadas después las niñas que protagonizan esa narración vengan de la hacienda a Caracas, tendrán un sentimiento ambiguo: querían reencontrar el campo y solo ven "por todos lados cemento, tablas o ladrillos". Cómicamente bautizarán tiendas, aceras, parejas con designaciones campesinas. Y así diluyen su desarraigo.

Todo lo contrario ocurre a nuestro jovencísimo narrador y a sus hermanos. Desde *Cerro Grande*, que ya los ha preparado para eso, se consagran a celebrar la modernidad. Pero tres elementos compaginan ambas historias: por ejemplo, el área de El Valle está muy cerca en las dos; tanto mamá Blanca como el niño terminarán añorando con ardor el *locus* de la felicidad infantil, aunque se haya convertido en un paraíso derruido. Y por último, en palabras de Teresa de la Parra, los sucesos evocados pudieran ser percibidos así: "La anécdota a que me refiero era sencillísima y de una trivialidad desbordante de interés. ¿Cómo podían correr juntos, agarrados alegremente de la mano, esa pareja de enemigos mortales: la trivialidad y el interés?".

4

¿En qué medida Leoncio Barrios es un personaje que se reconstruye a sí mismo? Nació en Valera, ciudad de Los Andes venezolanos, en 1947; con su familia vino desde muy pequeño a Caracas y formó parte de la primera promoción de psicólogos sociales de la Universidad Central de Venezuela. Docente en la Escuela de Comunicación Social e investigador del Instituto de

Investigaciones de la Comunicación en la misma universidad. Doctor de la Universidad de Columbia. Dice en su curriculum: "En los últimos años ha dado rienda suelta a otra de sus antiguas pasiones: la escritura. Reside en Caracas, donde está dedicado al disfrute de la escritura, el baile y al abuelazgo".

Fundador de una ONG, en el trabajo con diversas disciplinas y en sus declaraciones públicas, coloca como valor fundamental la solidaridad. Nada extraño para quien conoce desde muy adentro la unidad y las divergencias familiares, el desajuste social, las persecuciones políticas, el esplendor de fiestas y celebraciones.

Por esta narración transitan conmovedoras figuras femeninas: Rosa, Sarita y algunas muñecas. Ellas imantan los poderes sintéticos de Leoncio Barrios para el cuento breve. Precisamente el episodio de *Vicky, clínica de muñecas*, es un alarde de esa potencialidad. Lo cual nos permite ampliar la interrogante de Teresa de la Parra, porque en estas páginas lo cotidiano, lo trivial, adquiere rango de centro vital, como en toda existencia. Para nada deberá sorprendernos que, aparte de sus cuentos pornos inéditos (como ha dicho a la prensa), en este autor se revele un sorprendente y nunca tardío sutil cuentista.

Diez años abarcan estas páginas, pero como muchas cosas dichas en ellas, las confesiones del adolescente tienden directas o invisibles redes hacia el pasado de Venezuela (los inmigrantes canarios, el siglo XVIII, los jardines) y hacia nuestros días o hacia el futuro. Podemos tener aquí una nítida y fluyente crónica del paso a la democracia en 1958; sentir el destino de la inmediata guerrilla y, si somos atentos, notar muchas claves de lo que vivimos, como país, décadas después. Claro que reiremos conociendo o evocando; pero en la encantadora retícula aquí tendida por Leoncio Barrios, bailando o canturreando, de pronto nos sobresalta un raro dolor: el suyo que es nuestro.

JOSÉ BALZA
Caracas, 2018

CERRO ○▬ GRANDE

EL SUPERBLOQUE

A Guillermo Barrios y Graciela Barreto,
los protagonistas.

A Asdrúbal Barrios,
coprotagonista estelar de esta historia.

A los López Ruiz,
quienes estuvieron en el recuerdo mientras escribía este texto.

A las Roig,
las vecinas que me enseñaron a bailar con la Billo's y Los Melódicos.

A los vecinos de Cerro Grande.

ASÍ COMIENZA ESTA GUARACHA

Fue a finales de 1955 cuando mi familia se mudó a El Valle, en la periferia sur de Caracas. Atrás habíamos dejado la paradisíaca casa de El Hatillo, un pueblo que por su carretera de tierra y curvas de entonces, estaba más lejos de la ciudad que ahora. Allí habían ido mamá y papá a calmar una tristeza que tenían y a distraernos. En El Hatillo quedaron las matas de naranja, el olor a azahares, el crujir de conchas de guamas al pisarlas, los cocuyos que danzaban en la oscuridad como ojos fantasmales, los monos que saltaban de rama en rama al atardecer y una chiva con su chivito. Aunque ellos no se quedaron porque los vendieron a pesar de nuestras súplicas. No podíamos traer una chiva y un chivito a un apartamento. Ahora viviríamos en *Cerro Grande*, el primer superbloque que se construyó en Caracas, una joya de la arquitectura nacional que, además, por la cantidad de gente que lo habitaría, sería como vivir en un pueblo pero en vertical, con vecinos a los lados, arriba y abajo. Una novedad en Venezuela, para nosotros.

Por el retrovisor de la memoria veo el *Chevrolet* gris claro modelo 1950, manejado por papá, subiendo por una pequeña cuesta asfaltada rodeada por la falda de un cerro, a un lado, y por el otro, una larga construcción en hechura. Mucha tierra y verde por los alrededores.

Entre cajas, bolsas repletas de objetos y maletines con ropa, íbamos mamá, mis dos hermanos menores y yo. Sumadas las edades de nosotros tres, no daba veinte, casi los años de mamá en ese momento. Papá en sus treinta y tantos.

Bajamos del carro frente a la larga, ancha y desolada planta baja del edificio por donde caminamos hasta un ascensor —otro lugar extraño, atemorizante en aquel momento— donde el ascensorista nos condujo, sin parar, hasta el piso que papá indicó.

A pesar de ir todos agarrados fuertemente del pasamanos, se oyó una corta exclamación colectiva por el vacío en el estómago que produjo el vertiginoso ascenso y, quizás, del susto ante lo que nos venía. Al abrirse el ascensor, otro largo pasillo, el del piso 12: estrecho, solitario, silente.

Desde allí contemplamos la parte de atrás del edificio: un cerro tupido de vegetación, ideal para jugar a indios y vaqueros como en las películas de la tele, y un espeluznante vacío hacia abajo. Mientras contemplábamos aquel paisaje, atónitos, medio asustados, papá se adelantó, subió una corta escalera que conducía, exclusivamente, a la puerta del apartamento 12-33 y nos llamó. Los tres hermanos entramos a un espacio amplio, lleno de luz. Mamá venía detrás cargada de bolsas y advirtió rápidamente: "¡No se acerquen al balcón!". Hacia allá corrimos en un santiamén para mirar el gran espacio que se iría llenando, transformando, ante nuestros ojos por los siguientes diez años. Hacia arriba, cielo, y abajo, muy, muy abajo, tierra. "Si nos caemos, nos morimos", pensé sintiendo un escalofrío.

Desde aquel largo balcón que daba hacia el frente del edificio se veían un terreno seco, unas casas grandes, otras pequeñas, y detrás de ellas, más lejos, unas edificaciones extrañas, monumentales. En una de ellas ondeaba la bandera de Venezuela. Más al fondo, en el alto de un cerro, entre el follaje resaltaba un letrero escrito con letras grandes y blancas que leí: "Poo-líí-í-go-no de tii-i-ro, Polígono de tiro".

A la mañana siguiente de la mudanza a *Cerro Grande*, estando todavía oscuro, sonó una trompeta que nos seguiría despertando por años hasta que dejamos de oírla aun cuando sonara. Era la diana que despertaba a los cadetes de la Escuela Militar, una de las edificaciones extrañas que veíamos desde nuestro balcón y donde ondeaba la bandera nacional.

En el patio central de esa academia los cadetes se alineaban en correcta formación. "¡Aaateeenciónnn, fiiirmes!", decía un comandante a través de un altavoz, e iniciaban su rutina diaria. Muy de vez en cuando oíamos un sonido pero no de trompeta, sino de tiros; mamá decía que no nos asustáramos, que los militares estaban entrenando, que para eso era el polígono donde disparaban balas de salva, que no mataban, pero que de todas maneras tuviéramos cuidado y no nos asomáramos al balcón. Mamá tenía mucho miedo.

EL SUPERBLOQUE

Vivir en un edificio como *Cerro Grande* era una aventura para las 180 familias que llegamos a estrenar los apartamentos. Todas venían de casas a ras de acera, casi todas del oeste de la ciudad, algunas de la provincia, otras de El Valle mismo. Las familias estaban orgullosas de su progreso: vivían en un apartamento, una de las más caras aspiraciones familiares en Caracas para esa época y, aunque no era con opción a compra, pensaban que podrían comprarlo algún día. Venían dispuestas a seguir ascendiendo, profesionalizar a los hijos, casar bien a las hijas y acceder al confort que el modernismo, recién llegado al país, empezaba a ofrecer. Para todas ellas, vivir en *Cerro Grande* era un privilegio, un reto, un trampolín.

Mis hermanos y yo, como los demás muchachos del edificio, fuimos descubriendo poco a poco aquel intrincado espacio donde viviríamos. Eso, a pesar de la resistencia de mamá a dejarnos salir al pasillo y menos al cerro a jugar vaqueros. Su miedo era mucho. La única forma de ir era escapándonos. Mi hermano, el que me sigue, lo hacía con más frecuencia; era más rebelde.

Cerro Grande, que como buen superbloque ha seguido y seguirá por muchos años donde está, se levanta sobre gruesas columnas que sostienen la peculiar estructura que llama la atención a los pasantes y a quienes lo habitábamos: a pesar de 12 pisos a la vista, los 4 ascensores solo se detenían en los pisos pares: el 2, 6, 8, 10 y 12, donde hay apartamentos; y también en el 4, pero allí nadie vivía.

En cada piso ubicaron 36 apartamentos: el nuestro era uno de los 14 de una sola planta a los que se llegaba por una escalera privada desde el pasillo respectivo. Los otros 22, a nivel del pasillo, son dúplex: la planta de arriba para recibir visitas, comer y cocinar; abajo, las habitaciones y el baño. Las segundas plantas de esos apartamentos hacen los otros 6 pisos que duplican la altura del edificio.

El piso 4 de *Cerro Grande* es una pausa arquitectónica: un piso solo con columnas, como la planta baja, rodeado de rejas hasta medio cuerpo. Era como un gran balcón en 360 grados, con vista franca al verde de los alrededores y edificaciones cercanas. Hacia un extremo de ese piso estaba la lavandería comunitaria con algo llamativo: probablemente, las primeras lavadoras y secadoras del país que se accionaban con fichas, no con monedas, ni tampoco dándole a un botón como en la casa de la abuela.

Un poco más allá de las lavadoras, hacia uno de los extremos del piso y frente al tupido cerro de entonces, un vestigio del pasado: las bateas y colgaderos de ropa donde las vecinas que se resistían al avance tecnológico podían seguir lavando su ropa a mano y secándola al sol.

Mamá no iba a lavar la ropa al piso 4. Mandaba a la señora que trabajaba en casa. Nosotros íbamos muy poco, solo cuando burlábamos la vigilancia de mamá o cuando allí se celebraba algún evento y nos daba permiso.

Ese piso también servía como sala de fiesta y otras reuniones de la comunidad. En carnavales se instalaba allí la pasarela para el desfile de las candidatas a reina de *Cerro Grande* y se celebraba el baile de coronación. Recién mudados al edificio, algunas mamás tomaron la iniciativa de instalar allí un preescolar mientras se construía el que estaba previsto en los terrenos de los alrededores. Duró poco ese preescolar; tampoco construyeron el otro.

La terraza del edificio ofrecía una soberbia vista hacia los alrededores, pero el acceso hasta allí no estaba permitido a los vecinos. Las antenas de televisión y unos transmisores (¿militares?) allí ubicados hacían peligroso aquel espacio. Además, los niños nos podíamos caer, advertían las mamás. Eso, a mis hermanos y mí, como tampoco a los vecinos más cercanos, no nos importaba; la vista desde nuestros balcones, en el piso 12, era también soberbia. Desde allí controlábamos-disfrutábamos la zona.

Cuando nos mudamos a *Cerro Grande*, al frente de la planta baja había terrenos baldíos donde los muchachos jugábamos metras y las pocas niñas que dejaban bajar se sentaban a jugar yaquis tirando la pelotica hacia arriba y recogiendo cuantas piezas pudieran antes de que la pelotica cayera de vuelta. Los varones no jugábamos yaquis, aunque algún atrevido, a veces, lo hiciera. Pero no recuerdo haber visto a ninguna de ellas con el puño apretado y la uña a punto de disparar la metra hacia el rayo.

Más tarde, en parte de esos terrenos, construyeron un parque infantil, con columpios, tobogán, subibaja y todo. A mamá no le gustaba que fuéramos al parque, no fuera a ser que a algún vecino se le ocurriera lanzar algo por el balcón y nos cayera en la cabeza. Que mejor no.

La planta baja era un espacio ancho, largo, abierto de lado y lado hacia los terrenos circundantes. Apenas gruesas columnas que sostenían aquella mole. Era un sitio maravilloso donde corríamos, jugábamos al escondite, manejamos bicicletas los fines de semana o patinábamos en Navidad; y años después, algunas noches, proyectaban películas como un cine al aire libre. El espacio de libertad para la muchachera.

Entre los módulos de ascensores de la planta baja había dos cuartos donde solo entraba el personal de servicio del edificio, a través de unas puertas de metal que sonaban fuerte cuando las cerraban y que con los años comenzaron a chirriar. "Prohibido el paso", decía en letras rojas y grandes un cartel en cada puerta. Mamá advertía que ni se nos ocurriera entrar, que allí era peligrosísimo, que había fuego y nos podíamos quemar. Tenía razón, allí estaban los hornos para incinerar la basura del edificio. Después supimos que eso de edificios autónomos en el tratamiento de la basura era extraordinario en Caracas. El arquitecto de *Cerro Grande* fue vanguardista.

También nos enteramos que detrás del edificio, en unos terrenos baldíos al pie del cerro, estaba previsto construir un centro cultural y un preescolar pero nunca los hicieron. En su lugar, los muchachos del edificio habilitaron un campo para practicar beisbol en "caimanera" y, hacia el otro extremo, los más grandes hicieron una cancha de bolas criollas, hasta con gradas de madera, para que viéramos los juegos y el desfile de los equipos en la inauguración del campeonato anual. Ese día pasaban los cinco equipos competidores, uno por piso, encabezados por la madrina que llevaba un ramo de gladiolas cubierto con papel celofán y una banda cruzándole el pecho identificando el piso de su equipo. Las madrinas iban como las coronas que envían a los muertos: una banda sedosa con letras en escarcha.

Más arriba de la cancha de bolas y el terreno para las caimaneras, en el cerro, y a los lados del edificio, entre el verde de la naturaleza virgen, se veían unas pocas casas, muy pequeñas, de madera y techos de zinc.

CERRO GRANDE, EL PRECURSOR

Muchos años después, ya viviendo lejos de *Cerro Grande*, algunos de los que fuimos sus primeros habitantes nos enteramos de que ese edificio es una obra precursora de la arquitectura moderna en el país, que sirvió de prototipo para los otros superbloques que se construyeron en Caracas pocos años después; que fue inaugurado por el presidente de la república, el general Marcos Pérez Jiménez —el dictador de la época—, y que el proyecto arquitectónico del edificio había sido expuesto en el Colegio de Ingenieros, a mediados de los cincuenta, por la innovación arquitectónica que significaba en Venezuela y Latinoamérica.

También nos enteramos de que Guido Bermúdez, el joven arquitecto que diseñó el edificio, trabajaba para ese entonces en el Taller de Arquitectura del Banco Obrero —el TABO— bajo la dirección de Carlos Raúl Villanueva, el gran impulsor de la modernidad en Venezuela con obras emblemáticas como la urbanización El Silencio y la Ciudad Universitaria de Caracas, sede de la Universidad Central de Venezuela (UCV). En el TABO se desarrollaba el Plan Nacional de la Vivienda como parte del Nuevo Ideal Nacional, el proyecto con el cual el gobierno de Pérez Jiménez se propuso modernizar las obras públicas del país.

Para ese entonces, un referente para los edificios en gran escala poblacional como era *Cerro Grande*, los llamados superbloques en Venezuela estaban inspirados en la Unidad Habitacional de Marsella construida en esa ciudad francesa por un arquitecto belga, Le Corbusier, que estaba causando revuelo mundial en materia de soluciones habitacionales masivas. El primer ensayo de ese tipo de construcciones en Venezuela fue, precisamente, *Cerro Grande*, el edificio donde centenares de familias, como la mía, llegaron convencidas de estar progresando y dispuestas a seguir haciéndolo.

Después de *Cerro Grande*, el TABO construyó, bajo el mismo concepto, otros superbloques y urbanizaciones que contribuyeron a modernizar el país y particularmente a Caracas. Uno, muy parecido al nuestro y también único, se ubicó en El Paraíso; para ese entonces todavía una zona de familias de abolengo y, por tanto, se concibió para familias de ingresos medios.

Sin embargo, como la necesidad del gobierno era masificar viviendas, los siguientes superbloques se concibieron para familias con menos ingresos y se invirtieron menos recursos en esas construcciones. Así surgieron las urbanizaciones Diego de Losada y Simón Rodríguez, ambas al norte de la ciudad, y en el oeste, el mayor conjunto de superbloques que se haya construido en el país y, quizás, en Latinoamérica: la urbanización que durante su construcción se llamó *2 de Diciembre*, para exaltar la fecha de ascenso del dictador Pérez Jiménez a la presidencia, y que tras su derrocamiento, pasó a llamarse *23 de Enero*, fecha del retorno de la democracia.

Todas esas construcciones tuvieron a *Cerro Grande*, el precursor, como referencia.

LOS PRIMEROS HABITANTES

Por ser *Cerro Grande* el primer superbloque en las experimentaciones del TABO, el arquitecto y los constructores se esmeraron en el diseño y calidad de materiales porque por su ubicación, cerca de instalaciones castrenses, estaba destinado a vivienda de militares o allegados. Mi familia cumplía con el requisito: el ministro de la Defensa durante la dictadura era pariente de mi madre.

Pero algo ha debido pasar en la asignación de los apartamentos porque, aunque en el edificio vivían algunos militares, la mayoría de los vecinos no lo eran, ni tenían familiar conocido en las Fuerzas Armadas.

Por el contrario, la gama de profesiones y oficios en la vecindad era bien variopinta: los papás eran técnicos, bomberos, carpinteros, vendedores, oficinistas, profesores de liceo, sin oficio conocido y las mamás eran amas de casa, algunas maestras no graduadas, modistas, telegrafistas, secretarias, enfermeras. Familias de esas que llamaban "bien constituidas": papá, mamá e hijos y, algunas con familiares que vivían allí, como tíos, abuelos. Con excepción de las viudas, en el edificio eran escasas las mujeres solas con hijos. En los años cincuenta, el divorcio en Venezuela todavía estaba mal visto.

En *Cerro Grande* vivía gente que era popular en la ciudad y orgullo vecinal: Alfredo José, el hijo de los Mena, del piso 2, llegó a ser locutor de moda en *Radio Caracas Radio* cuando esa emisora ya no quedaba en la carretera de El Valle sino más lejos, pero igual se oía en toda ciudad. Toco, el de los Gómez, también del piso 2, empezó a hacernos reír en la televisión. Sus familias estaban orgullosas de su temprana fama y los vecinos también. El Sr. Ducharne, del 12-07, un maestro licorero, producía el ponche crema *Royal*, competencia del de Eliodoro González P., que tomábamos en Navidad y a mis abuelas les gustaba. Rafael Deyón, el papá de los del 12-10, cantaba en la *Peña Tanguera*, el lugar del tango en Caracas, y su voz retumbaba en los ascensores cuando con su gruesa figura daba los buenos días. Entre esos populares destacaba Luis "Camaleón" García, el gran tercera base del Magallanes, que paseaba su gran cuerpo en el piso 2, y cuando salía con su uniforme de beisbolista producía admiración en el vecindario.

Inclusive, Billo, el gran compositor de Caracas en esa época, puso a cantar a Cheo García una guaracha:

> *Mamá, qué le pasa a las muchachas / que cuando*
> *ven a Camaleón / ¿Qué será? ¿Qué será? / Se ponen*
> *a suspirar. / ¿Qué será? ¿Qué será?…,*

y la gente bailaba tarareándola.

Pero, sin duda, nuestro vecino más famoso, más visto, más admirado, más codiciado por las mujeres, no solo en Caracas sino en el país, era Raúl Amundaray o Albertico Limonta, el protagonista de la popular novela *El derecho de nacer* cuando la transmitieron en televisión. Raúl entraba al ascensor y las ocupantes querían que se quedara trancado. Él sonreía. Siempre sonreía.

Aunque ser parte del espectáculo podría ser una meta para muchos de los hijos varones de las familias de *Cerro Grande*, el énfasis era en que estudiáramos y por ello algunos fueron a escuelas técnicas, unos pocos nos hicimos universitarios, y por supuesto, otros a la Escuela Militar, a la aviación, a la marina, en correcta formación.

La docencia seguía atrayendo a las muchachas de la época, pero muchas se hicieron secretarias, recepcionistas, telefonistas; pocas tenían planes de llegar a la universidad, todavía no era un destino usual para ellas. Algunas —por sus cualidades físicas y simpatía— aspiraban a ser reinas de carnaval y casi todas soñaban con casarse con un hombre que las mantuviera y representara bien. Como un militar, por ejemplo.

¡A GOZAR, MUCHACHOS!

En los pasillos y balcones de *Cerro Grande* se oía música a cualquier hora, así fuera tarde en la noche o día de trabajo. No era un escándalo pero algunos vecinos ponían las cornetas del tocadiscos o "picó" en el balcón para, muy generosamente, compartir su música y, sobre todo, hacerle saber a los demás que tenían poderosos equipos musicales y una buena colección de discos.

Recuerdo haber estado en el balcón de nuestro apartamento y escuchar desde el balcón de abajo, a la Orquesta Aragón de Cuba interpretando:

> *Los marcianos llegaron ya*
> *y llegaron bailando ricachá...*

Mientras, en el de al lado, oía cantar a Carlos Argentino, un bonaerense de nacimiento pero tropicalizado en La Habana, cantando:

> *En el mar la vida es más sabrosa, / en el mar te*
> *quiero mucho más, / con el sol, la luna y las estrellas,*
> */ en el maaar todo es felicidad...*

Fueron momentos que me hicieron feliz mientras crecía.

En efecto, para mi familia, el mar era parte de la felicidad. Algunos fines de semana, mamá dejaba a un lado la tristeza que le embargaba —y trataba de ocultarnos—, untaba algunas rebanadas del pan de sándwich con *Diablitos Underwood* mezclado con mayonesa *Mavesa*, algunos con salsa picanesa y a otros les colocaba una rebanada de queso amarillo o jamón —como los que ofrecían en las fiestas de cumpleaños y nos gustaban tanto—, sancochaba huevos, hacía jugo de naranja y al día siguiente, muy temprano, nos íbamos en el *Chevrolet* gris de papá a pasar el día en la playa de Macuto. Años después, algunos amigos nos invitarían al Club Tanaguarena o al Puerto Azul donde había piscinas.

Para algunas vacaciones, papá alquilaba una casa en Los Caracas, un balneario recién construido por el gobierno y concebido como una ciudad vacacional para trabajadores. Era divertido estar en Los Caracas, sobre todo en la piscina: uno no sabía si estaba allí o en el mar porque el agua era salada. También había un río provocativo y aunque no había un aviso advirtiendo: "¡Cuidado, bilharzia!", como frecuentemente se leía por aquel entonces a la orilla de los ríos, mamá ordenaba que no nos metiéramos allí, que mejor en la piscina, pero solo en la parte de niños para que no nos ahogáramos.

ENTRE LO NUEVO Y LO VIEJO

Cerro Grande y las instalaciones militares a sus alrededores eran los únicos signos de modernidad en El Valle a mediados del siglo xx. Todo lo demás mantenía la estampa rural de lo que hasta entonces era como un pueblo a las afueras de Caracas, como lo había sido por siglos.

Frente al edificio, separada por un gran terreno baldío y algunas casas con jardín central y solar, estaba la Calle Real de El Valle, un camino asfaltado con dos estrechas vías que atravesaban toda la parroquia. Allí tomábamos el autobús que nos llevaría al centro de la ciudad o un taxi hasta la casa de la abuela paterna, en el Prado de María, o a la de los abuelos maternos, en La Candelaria. También, si tomábamos el autobús en sentido contrario al centro, pasábamos por Los Jardines del Valle y después de muchas cuadras llegábamos a Coche, la frontera sur de la ciudad.

En la acera norte de la Calle Real había modestos comercios intercalados con casas aún habitadas por familias pudientes. De una de ellas, a veces, veíamos salir por la puerta de la caballeriza que daba hacia *Cerro Grande*, a unos señores en sus caballos de paso, parecidos a los que algunas veces habíamos visto en El Hatillo. También, por esa calle, pasaban campesinos en mulas, arreando burros o montando caballos pero no como los señores que salían con garbo de las casas solariegas; los campesinos iban como apuraditos o cansados.

En la acera sur de la Calle Real las casas eran más humildes y sus patios traseros se encontraban con la explanada del río Valle, frontera entre el mundo civil y el militar en la zona. Por allí caminábamos hasta la primera esquina, a la izquierda del edificio, por donde se iba a una urbanización de modestas quintas, Longaray, y más allá, un paseo que apenas terminaban de construir, Los Próceres, pero por allí casi no íbamos. No lo permitían los militares. Entonces, nos quedábamos en uno de los refugios recreacionales dominicales de los muchachos del sector: el cine *Roxy*, donde pasaban películas de *Tarzán, el rey de la selva*; de vaqueros o las cómicas mexicanas con Cantinflas o Tin Tan.

El *Roxy* también fue una suerte de centro de aprendizaje, para algunos el lugar de los primeros escarceos sexuales y, para mí, de baile. Allí aprendí los primeros pasos del mambo, el danzón y el chachachá al estilo mexicano de Tin Tan y Ana Bertha Lepe. Era bella Ana Bertha y sufrida en la vida real ya que su papá, como en las películas mexicanas, le mató al novio de verdad, porque "se negó a honrarla con el matrimonio", leí en el periódico y me puse casi tan triste como estaba mamá. A Cantinflas también lo vi bailotear esos ritmos, pero mis amigas de *Cerro Grande*, las que me enseñaron a bailar guaracha y merecumbé con las mejores orquestas venezolanas de la época, la Billo's y Los Melódicos, decían que no bailara como Cantinflas porque era muy payaso, que lo hiciera como Tin Tan, quien también era cómico, pero bailaba seriamente.

Las muchachas de *Cerro Grande* no iban al cine los domingos porque las mamás no las dejaban o porque preferían quedarse en los balcones esperando que los cadetes de la Escuela Militar, en su día libre, llegaran al edificio a "pavonearse" con sus guantes blancos, sus zapatos y sus sables relucientes, ¡ah!, y la gorra en la cabeza o debajo del brazo, cuando saludaban. Eran bien educados y correctos los cadetes; a las muchachas les gustaban.

Varias cuadras más allá de *Cerro Grande*, por la Calle Real, en línea recta a la izquierda, se llegaba a la plaza de El Valle, donde conversaban los viejitos y otros señores que iban a buscar a los limpiabotas. Papá no se limpiaba los zapatos allá porque un Día del Padre le regalamos un cajón como el de los limpiabotas donde mamá puso un cepillo de cerdas negras y otro de cerdas marrones, junto a cremas *Cherry Blossom* para los zapatos de cada color. Papá se puso feliz con ese regalo y recuerdo que nos dijo que el *Griffin*, la crema con la que nos limpiaban las botas blancas de gimnasia en la escuela, no la pusiéramos en ese cajón sino en la repisa del baño para que mamá lo tuviera a la mano. Ya las manos de mamá se habían recuperado de la vicisitud que nos llevó a El Hatillo y, luego, a *Cerro Grande*, en El Valle. A la plaza de El Valle iban los muchachos de la zona al salir de la escuela y los fines de semana. Allí jugaban a la ere, guataco por las orejas y metras; pero pelota no, porque había muchos árboles y señores sentados en los bancos a quienes les podían pegar un pelotazo en la cabeza. También hacían competencias con trompos, yoyos y perinolas, dependiendo de la temporada, porque los juegos tenían época como las frutas y los "cachitos", unas piezas que parecían de madera y que envueltas en una vaina caían como flores, para nuestra emoción, desde los bucares de la plaza y las calles.

A pulir cachitos nos poníamos todos los muchachos de la plaza, los de Cerro Grande y los de la escuela. Los lijábamos y con un trapito untado de *Brasso*, (la crema para pulir), los frotábamos y frotábamos hasta sacarles brillo. Los muchachos más ágiles manualmente los trabajaban a punta de navaja hasta hacer piezas de artesanía. Mi hermano, el segundo, cargaba como llavero un cachito con forma de pez espada y una piedrita roja incrustada haciendo de ojo, pero no sé para qué porque los niños no teníamos llaves de la casa.

Los muchachos de *Cerro Grande* íbamos muy poco para la plaza. No teníamos necesidad. Nosotros corríamos en los pasillos del edificio, montábamos bicicletas en la planta baja y jugábamos por los alrededores. Una de las pocas veces que mi hermano, el segundo, y yo fuimos a la plaza nos llevó papá. Fue una noche de carnaval y había un templete para celebrar la coronación de la reina de la parroquia. Recuerdo que por un altavoz se escuchaba cantar a Nelson Pinedo —supe su nombre mucho después— acompañado con la Sonora Matancera:

Anoche, anoche, soñé contigo, / soñé una cosa bonita, / qué cosa maravillosa. / ¡Ay, cosita linda, mamá! / Soñaba, soñaba que me querías...

Papá dijo que era un merecumbé y creo que lo quería bailar porque movía los pies, pero al baile que seguía a la coronación no nos quedamos porque eso era solo para los grandes; él andaba con nosotros y sin mamá, aunque ella, de estar allí, tampoco bailaría.

Las muchachas, las de *Cerro Grande* y de la parroquia, tampoco iban mucho a la plaza porque era mal visto. Lo hacían solo para ir a la iglesia que quedaba al frente y las que tenían novio aprovechaban para encontrarlos allí, aunque fuera solo para verlo al pasar, a la salida de la misa. A mediados del siglo XX, después de muchos cambios sociales, la gente de El Valle seguía comportándose como en siglos anteriores.

Alrededor de la plaza, además de la iglesia, estaban la casa parroquial, unos comercios, algunas casas de familia y otro cine: *El Valle*. A ese no íbamos porque era muy lejos de *Cerro Grande*, según mamá. Mucho menos nos dejaba ir a otro que quedaba por allí, unas calles más arriba, hacia el cerro. Ese cine ha debido tener otro nombre pero le decían "el miaíto" y la entrada era muy barata por sus condiciones: el suelo era de tierra, el techo de zinc y cuando llovía la gente se iba por el ruido y el barro; y siempre, como no tenía sanitarios, un fuerte olor acompañaba las películas mexicanas que allí pasaban.

CARACAS, LINDA CARACAS

Si uno iba hacia el centro o cualquier otra parte de Caracas había que salir de El Valle. Todo era lejos de allí. En la escuela nos decían que era una parroquia foránea, fuera de la ciudad. Así estaba formalmente clasificada y así era: un poco más allá de la plaza, la Calle Real se convertía en un estrecho camino de curvas –la carretera de El Valle– bordeado de matorrales, sembradíos y unas pocas casas en sus laderas que desembocaba en el distribuidor La Bandera donde había un semáforo. Esa era "la entrada a Caracas".

A partir de allí, la ciudad tenía novedades que por El Valle no había, entre ellas, avenidas con semáforos. Cerca de La Bandera recién habían construido la avenida Roosevelt para tomar hacia la casa de la abuela y de las tías paternas, el Prado de María y El Cementerio, la urbanización, y más allá, el camposanto. Otra reciente construcción, la avenida Nueva Granada, conducía al centro y de allí, a otras partes de la ciudad. Esa era la ruta del autobús que tomábamos en El Valle.

Al final de la Nueva Granada, por la Roca Tarpeya, estaba un edificio nuevo, alto, no tanto como *Cerro Grande*, pero llamativo por los colores: la sede del Seguro Social, coronado por un anuncio, dibujado en neón, de manteca *Los tres cochinitos*, que se movían. Era como ver las comiquitas de la televisión en una terraza y con el cielo de fondo. Al frente de ese edificio construían una portentosa estructura en concreto, en forma extraña, enrollada como una serpentina o la concha de un caracol, nada parecido a lo que habíamos visto hasta ahora. No tenía un aviso que dijera que sería uno de los primeros centros comerciales y culturales de la ciudad y durante largo tiempo solo sirvió como referencia para dar direcciones: "Por allá, por el Helicoide". Esa construcción quedó inconclusa por siempre, sin embargo, tal como *Cerro Grande*, es una de las obras emblemáticas de la modernidad en Caracas y su proyecto ha sido expuesto en muestras del Museo de Arte Moderno de Nueva York, el MoMA.

A un lado del Helicoide acababan de terminar la avenida Victoria y papá nos dijo que la habían llamado así en homenaje a quienes ganaron la Segunda Guerra Mundial, o sea los "americanos" porque así lo veíamos en las películas y, además, porque las otras avenidas cercanas se llamaban Roosevelt y Lincoln, en homenaje a presidentes de los Estados Unidos; pero no, resulta que la victoria de esa guerra fue de varios países aliados que casi nadie nombraba. En todo caso, el nombre original de esa avenida no importaba porque poco después se lo cambiaron por el de presidente Medina, un venezolano, aunque todos seguimos llamándola avenida Victoria.

El autobús para el centro de la ciudad seguía por otra avenida tan nueva como las anteriores: la Fuerzas Armadas –un nombre que no podía faltar en época regida por militares– con partes elevadas, muy modernas, que permitían una circulación más rápida por los pocos semáforos.

La avenida Fuerzas Armadas pasa por el Nuevo Circo, lo que era la Plaza de Toros de Caracas. Allí nunca fuimos porque ese espectáculo, donde hieren animales y después les clavan una espada en el corazón y la gente aplaude, no es para niños, decía mamá. A papá tampoco le gustaban las corridas de toros, quizás porque allí no se apostaba y lo de él era apostar. Jugó en las galleras de Los Andes, en las de El Hatillo y en las de Caracas, por los lados de Caño Amarillo. En el balcón de *Cerro Grande* tuvimos una jaula con gallos, españoles y cubanos, que eran sus orgullos, pero cuando papá descubrió algo más urbano para apostar, las carreras de caballos, se olvidó de los gallos.

El primer hipódromo de Caracas quedaba en El Paraíso y papá empezó a ir allá, pero después, para su comodidad y mayor sufrimiento de mamá, el gobierno construyó cerca de *Cerro Grande* otro monumento de la modernidad caraqueña: el Hipódromo de La Rinconada. Allí, los fines de semana acudían religiosamente decenas de miles de venezolanos, entre ellos papá, a depositar las esperanzas de amanecer millonarios el lunes siguiente. Parecía parte del Nuevo Ideal Nacional.

Ajiley, un juego de cartas con el que apostaban los obreros y campesinos, papá nunca jugó. Pero por los otros juegos, mamá discutía, sufría mucho.

Después del Nuevo Circo el autobús cruzaba hacia el oeste y, un poco más allá, se llegaba al terminal Río Tuy en los sótanos de una fastuosa construcción, símbolo de los oropeles en los que vivíamos durante la dictadura: el Centro Simón Bolívar. Ese terminal estaba en un sótano que no parecía tal, pues tenía partes a cielo abierto pero, en todo caso, estaba debajo de la avenida y de otro sótano al cual se accedía por escaleras de mármol con pasamanos de madera. Ese sí era un sótano de verdad pues tenía techo y sin luces artificiales debía ser completamente oscuro, por lo que siempre estaba iluminado.

Quizás ese fue el primer centro comercial de Caracas. Allí había comercios pequeños de todo tipo, más elegantes que los de la Calle Real de El Valle, con vidrieras a través de las cuales se podía ver para adentro, así el local estuviera cerrado. Por esos sótanos se llegaba a unos ascensores con incrustaciones de bronce tallado en las puertas, más bonitos que los de *Cerro Grande*, conducidos por ascensoristas uniformados que decían "Buenas tardes" cuando íbamos a visitar a papá en su oficina del Ministerio.

Esos sótanos también eran nuestro camino al mundo de las ilusiones y el deleite: por allí pasábamos de la mano de mamá, los domingos por la mañana, a la función de matiné del Ávila para ver películas de Walt Disney, o en la tarde de un viernes, cuando sacábamos buenas notas en la escuela, nos llevaba a comer fresas con crema en la heladería *La Estrella*, una de las primeras fuentes de soda de Caracas y que, según mis hermanos y yo, bien podría haberse llamado "La Gloria".

Ese mundo subterráneo por donde circulábamos al bajarnos del autobús que nos traía de El Valle era el sótano de las

Torres del Centro Simón Bolívar o de las Torres de El Silencio, como también se les llama; el orgullo arquitectónico de la dictadura. Esos edificios se convirtieron en el símbolo de la ciudad, como el Empire State de Nueva York y la Torre Eiffel de París, y eran la estampa frecuente en las tarjetas postales que los turistas enviaban al exterior diciéndole al mundo que Caracas era moderna y Venezuela no era solo indígenas y paisajes paradisíacos.

El túnel que atraviesa las entrañas de las torres ya desembocaba en la avenida Bolívar, la más importante de la capital aunque por aquel entonces no tuviera residencias, ni comercios a sus lados y pocos peatones transitaran por ella. Era sobria, con palmeras a sus costados. Esa avenida ya nos llevaba a la autopista del Este, hacia donde crecía la ciudad.

Unas cuadras al norte de las torres, estaba el correo principal, el de Carmelitas, en la esquina del mismo nombre donde comienza la avenida Urdaneta con aceras diseñadas como las de Copacabana en Río de Janeiro, edificios de oficinas y comercios de lado y lado. Por allí pasaban las carrozas durante los desfiles del carnaval caraqueño para continuar hacia el este por otra nueva avenida, la Andrés Bello.

Hacia el oeste, la Urdaneta siempre ha conectado con la avenida Sucre, la única en esa zona de la ciudad. Allí estaba Catia, en ese entonces, la zona más pobre y poblada de Caracas, hasta llegar a la desembocadura de otro de los orgullos en obras públicas de la dictadura: la autopista hacia La Guaira que puso a Caracas a minutos del aeropuerto de Maiquetía y permitía llegar rápido a la playa. Nos gustaba ir por allí.

Así fue surgiendo la topografía de la Caracas moderna por donde circularían las generaciones posteriores a la de mis abuelos, mis padres y la nuestra.

Más al norte de Carmelitas, por La Pastora, la zona tradicional de la ciudad, estaba la Unidad Sanitaria del Norte y allí nuestro pediatra. A mis hermanos y a mí no nos gustaba mucho ir para allá. Pero era emocionante pasar por el puente del

Guanábano donde había unas cruces y mamá nos dijo que las colocaban los familiares de la gente que se había suicidado saltando desde el puente, que le diéramos la mano y nos apuráramos; pero a mí me gustaba pasar lento, mirando hacia debajo de la baranda imaginándome cómo se estrellaban los suicidas contra las piedras del fondo porque agua no pasaba debajo de ese puente. Además, si caminábamos lento más nos demorábamos en llegar donde el pediatra que, a veces, nos ponía vacunas o nos mandaba ampolletas.

Rápido íbamos en el *Chevrolet* gris de papá cuando tomaba por la única avenida hacia el este de la ciudad, recién inaugurada también, con muchos avisos de neón sobre los edificios y comercios en su parte baja: la Francisco de Miranda. Nos gustaba pasar por esa avenida. Si era cerca del mediodía del fin de semana significaba que íbamos al cine al *Lido*, al *Olympo* o *La Castellana*, pero si era por las tardes o nochecita, que pararíamos en la heladería *Castellino*, donde vendían unos helados verdes, de pistacho, que si se pedían en barquilla eran mucho más sabrosos que en tinita.

Por la avenida Francisco de Miranda, a la altura de Los Palos Grandes, estaba el parque de diversiones más grande y variado que ha tenido la ciudad: el *Coney Island*, como el de Nueva York, nos decía papá. Ese era el lugar de las emociones para nosotros cuando nos montábamos en el Loco Ratón, una especie de montaña rusa que le ponía a uno el corazón en la boca; o nos metíamos en el Túnel del Terror donde gozábamos un montón porque nos asustábamos mucho.

Algunas mañanas, en el anfiteatro del *Coney Island* se presentaba el show de *El club de los nietos*, un programa infantil que pasaban por las tardes en la televisión, y podíamos ver en persona al "abuelito cantarín" que era muy cariñoso con sus "queridos pitoquitos", como nos llamaba. Nos gustaba el Abuelo cantarín y a mamá le gustaba que nos gustara. Pero unos años después por el periódico dijeron que lo habían denunciado por abusos sexuales a niños y, aunque no sabíamos muy bien qué significaba eso, no lo vimos más por la televisión, menos en persona y creo que a mamá no le gustó más.

En ese paraíso infantil que era el *Coney Island* también presentaban a las grandes orquestas y cantantes extranjeros que contrataban los hoteles lujosos y la televisión. Allí, gente como papá y mamá que no iban a esos hoteles, podían verlos en persona, mientras los pequeños comíamos algodón de azúcar, cotufas o un raspado con granadina. Cuando nos cansábamos de aquella cantadera, empezábamos a fastidiar y entonces nos llevaban a los "carritos chocones" para que descargáramos energías y volviéramos a casa suavecitos.

Algunos domingos por la mañana, papá conducía su *Chevrolet* gris por la autopista del Este, le metía "full chola" al acelerador y el viento que entraba por las ventanas nos hacía llegar despeinados a la casa de sus amigos en Las Mercedes, una urbanización de casas muy bonitas y elegantes donde terminaba Caracas por el sureste. Pero papá nos peinaba cuidadosamente antes de tocar el timbre casa de sus amigos.

Lo que seguía más allá de Las Mercedes era una carretera estrecha, de tierra, hacia los pueblos de Baruta, El Hatillo y por allí para el Tuy, pero hasta allá nunca llegamos. El Hatillo fue lo más lejos que fuimos. Por esa carretera se veía la construcción de una urbanización tan elegante como Las Mercedes pero más moderna, Prados del Este; y más adelante, otra donde había un aviso que decía: "Aquí se construye la Ciudad Satélite La Trinidad". Por mucho tiempo pensé que allí vivirían los marcianos cuando llegaran a Caracas en un platillo volador.

Otros domingos, pero a las tres de la tarde, íbamos al cine *Los Jardines*, sobre la Calle Real de El Valle, a la derecha de *Cerro Grande*. Ese cine se llamaba así por la urbanización donde estaba ubicado, Los Jardines del Valle, que era grande, casi veinte calles numeradas secuencialmente. Era una urbanización de "quinticas", que se extendía también varias cuadras desde la Calle Real hasta las laderas del hermoso cerro cubierto de árboles que circundaba el sur de la ciudad. El mismo cerro que veíamos detrás de *Cerro Grande* y atravesaba todo El Valle hasta llegar a La Bandera.

Los Jardines del Valle se llaman así porque en esa zona, alrededor del año 1700, españoles provenientes de las Islas Canarias instalaron vaqueras, siembras de hortalizas y cultivos de flores. Cuando nos mudamos a *Cerro Grande*, 255 años después, frente al edificio, más allá de la Calle Real y hacia la Escuela Militar, quedaban remanentes de aquellas plantaciones. En el vivero *La Rosaleda*, mamá compraba gladiolas, sus flores preferidas que ayudaban a alegrar nuestro apartamento.

Al final de Los Jardines del Valle estaba otro conjunto residencial que el gobierno, también a través del Banco Obrero, recién había construido para sectores de ingresos medios: la urbanización Carlos Delgado Chalbaud, más conocida con el nombre de la zona, Coche, en la frontera sur de la ciudad.

En Coche estaba un hospital periférico donde llevaban los heridos y muertos de los alrededores. Era, más bien, un centro de emergencia y allí nunca fuimos, menos mal. Oíamos que lo nombraban como referencia, "por allá, por el periférico", y las cornetas de los carros que llevaban gente en urgencia y el ulular de las ambulancias al pasar, a gran velocidad, frente a nuestro balcón en *Cerro Grande*.

Donde sí fuimos en esa zona de Coche, fue al otro terminal de autobuses de El Valle que no tenía la gracia y el confort del terminal del otro final de ruta, el Río Tuy, aquel del Centro Simón Bolívar. También, en esa zona acompañamos, muchas veces, a papá al recinto de sueños que recién habían construido por allí, el Hipódromo La Rinconada.

Más allá de Coche solo "monte y culebra", expresión que mostraba el menosprecio que sentían los caraqueños en esa época por lo rural, la provincia, el pasado y los orígenes de muchos de ellos mismos.

PA' CARACAS ME VOY, ME VOY...

En las décadas de los cuarenta y los cincuenta del siglo XX en Venezuela muchas familias emigraron de la provincia a Caracas. Así lo hicieron algunas de las que vivían en *Cerro Grande*, inclusive la mía. Habían llegado en búsqueda de mejores condiciones de vida, pensando en el futuro. La ciudad les esperaba estrenando su vestido de modernidad.

Un buen día, papá le dijo a mamá: "Vámonos para Caracas", y abandonaron el terruño, La Puerta, al pie de la cordillera andina. La abuela junto con nuestras tías paternas lo habían hecho poco antes. Los abuelos y los tíos maternos vinieron un poco después que nosotros.

Papá cambió la Dirección de una escuela primaria por una oficina en las torres del Centro Simón Bolívar, los gallos de pelea por los caballos de carrera. Mamá amplió lo doméstico con la docencia, lo silvestre por lo urbano.

De la casa iluminada, amplia, con patio donde teníamos una chiva —no la misma de El Hatillo, otra, anterior—, nos mudamos a un apartamento estrecho, semioscuro, con olor a monóxido de carbono, cerca de la plaza Capuchinos, en el centro de Caracas. La vida en la ciudad es mejor, siempre oímos decir a papá. Mamá lo secundaba. En ese apartamento estuvimos poco tiempo: el progreso comenzaba. Nos mudamos a otro edificio de arquitectura con aires sevillanos en La Candelaria, de donde salimos intempestivamente por una tragedia que ocurrió en la familia. De allí fuimos por una corta temporada a El Hatillo, donde volvimos a tener patio amplio y una chiva con su chivito que vendieron al mudarnos a *Cerro Grande*, el monumento a la modernidad donde vivimos entre vecinos fiesteros que también celebraban su progreso.

SEÑORES, QUÉ PACHANGA

En nuestro balcón de Cerro Grande oí, por primera vez:

¡Señores, qué pachanga! / Me voy pa' la pachanga, /
mamita qué pachanga. / ¡Vamos pa' la pachanga! /
¡Qué rica la pachanga! / ¡Qué buena la pachanga!…

Años después supe lo que era la "pachanga" y sentí todo aquello que Víctor Piñero, acompañado por la orquesta Los Peniques, decía que tenía que sentir. En las fiestas de *Cerro Grande* se bailaba con la música de grandes orquestas nacionales como la Billo's, Los Melódicos, Los Peniques y la de Luis Alfonzo Larrain, pero también con la de las orquestas del Caribe y los cantantes de moda. La cubana Celia Cruz, la guarachera de siempre, que reinaría por varias décadas, canturreaba:

Changó ta vení / con el machete en la mano tierra va
temblááá. / Si sarabanda malongo mundo va acabá /
¡e-e-e-a!…/cagui cagui mofoyu de quee /Changó bacoso…

¡Complicado! Y, como si fuera poco la incomprensión, Celia también cantaba aquello de:

Songo le dio a Borondongo, / Borondongo le dio a
Bernabé, / Bernabé le pegó a Muchilanga, / le echó
burundanga / que le hiiincha los pieees / Moninaaa
y Songo…

Aquellas letras eran un lío, pero no el ritmo que tiempo después aprendí a bailar en brazos de mis vecinas que habían sido madrinas de equipos deportivos, novias de cadetes y con otras menos agraciadas. Todas más grandes, mayores que yo y excelentes instructoras de baile.

Había otra canción que nos obligaban a cantar todas las mañanas en la escuela y se oía en la radio cuando aparecía el presidente de la república. La letra era de Vicente Salias, un compositor de los tiempos de la Independencia, con estrofas tan complicadas para mí como algunas canciones de Celia Cruz:

Y desde el empíreo / el Supremo Autor / un sublime aliento / al pueblo infundió…

Años pasaron sin que yo comprendiera el significado de aquella estrofa. No sé si la gente que lo ha cantado tanto comprenda lo que aquello significa. En mi caso, el himno nacional, como otras muchas canciones, lo canté durante mi infancia desde la ignorancia de su letra.

La radio era fundamental para escuchar las nuevas canciones y por allí apareció una voz medio rara, gruesa, que cantaba en español forzado, pero sonaba con un cierto *tumbao* tropical. Era la voz de Nat King Cole, un afroamericano que descubrió los ritmos latinos y se hizo famoso con un chachachá:

Cachito, cachito, cachito mío, / pedazo de cielo que Dios me dio, / te miro y te miro / y al fin bendigo, / bendigo la suerte de ser tu amor…

Y también con un bolero que a mamá le encantaba:

Aquellos ojos verdes / de mirada serena / dejaron en mi alma / eterna sed de amar…

Mamá no tenía los ojos verdes pero le atraían los negros como Nat King Cole y compró todos sus discos en español; y también los de Agustín Lara, un compositor mexicano que cantaba como hablando muy seriamente, todo lo contrario al ritmo del Caribe:

Poniendo la mano sobre el corazón / quisiera decirte al compás de un son / que tú eres mi vidaaa / que no quiero a naaadiee, / que respiro el aire, que respiro el aire que respiras tú...

y parecía que ese señor iba a llorar.

A mamá le gustaba así, como ella que, callada, lloraba.

ROSA

Junto a las familias que estrenaron *Cerro Grande*, llegaron otras a construir sus propias casas en los cerros alrededor del edificio. Las ruinas de un horno que fue para ladrillos, y que nos servían de maravillosa cueva para defendernos en las persecuciones de indios o vaqueros, jugar el escondite o los primeros disfrutes con las partes pecaminosas del cuerpo, desaparecieron bajo las casas recién construidas que llamaban ranchos.

Pero esos ranchos no eran como los que veíamos en las películas mexicanas: caserones de corredores con jardines centrales y muebles de cuero, donde llegaban cabalgando Pedro Infante o Jorge Negrete a dar serenata a la hermosa muchacha con clinejas que desde su ventana suspiraba entornando los ojos. No, los ranchos que construían cerca del edificio eran pequeñas casas hechas de pedazos de madera, cartón y techo de zinc. Allí vivía gente pobre. Sí, mamá nos dijo que era gente pobre, buena, que había que ayudar. Nosotros no estábamos muy convencidos: nos estaban ocupando, ante nuestras miradas atónitas e impotentes, desalojando del idílico espacio donde jugábamos.

La gente que vivía en los ranchos cercanos también venía – como papá, mamá y los abuelos– del campo, de la provincia, con sus costumbres, animales y esperanzas. Pero era distinto. Entre ellas estaba Rosa, la muchacha que cocinaba y limpiaba nuestro apartamento. Rosa lagrimaba y moqueaba todo el tiempo. Ha debido sufrir de rinitis alérgica, supuse años después. Por las mañanas, Rosa traía leche de cabra y huevos de gallina pica tierra desde su pequeña casa, en la parte alta del cerro que veíamos, aún con mucha maleza alrededor, desde la parte de atrás del apartamento.

Mamá decía que no había como la leche de cabra y los huevos criollos para que creciéramos sanos y los usaba para prepararnos o acompañar el *Toddy* y el *Corn Flakes* de *Kellogg's* con los que desayunábamos, apurados, los días de clases para que no nos dejara el transporte escolar que ya venía a buscarnos.

Rosa no vino un día y no volvió nunca más. A lo mejor se fue con un hombre, decía mamá. Pero yo dije que a lo mejor se había muerto de tanto llorar y moquear. A mamá no le gustó lo que dije. Aunque la verdad es que de haberse muerto Rosa hubiéramos visto bajar la urna desde lo alto del cerro y no, no la vimos. Una que otra vez vimos bajar urnas negras, medio velludas –las urnas de quienes no tenían mucho dinero; en ese entonces estaban cubiertas como de terciopelo negro– pero nunca supimos si en una de esas vendría el cadáver de Rosa. Mamá decía que no, que en una de esas no podía venir ella porque a las muchachas jóvenes, las vírgenes, las enterraban en urnas blancas y las únicas urnas blancas que veíamos bajar eran pequeñitas, de niños, de angelitos, como les decían.

Cada vez que bajaban una urnita blanca, mamá lloraba. Lloraba mucho mamá.

EL PUMA Y SUS AMIGOS

Como la nuestra, las otras familias que estrenaron *Cerro Grande* habían venido a El Valle pero no a llorar, sino a labrar su ascenso social como lo habían hecho otras tantas que vivían en la parroquia, cuyos hijos también empezaban a ser famosos en la radio y la televisión.

José Luis Rodríguez, a finales de los cincuenta, era un muchacho flaco, alto, callado y buenmozo que vivía en Los Jardines del Valle y venía a *Cerro Grande* a visitar amigos y echarle ojos a las muchachas. Años después se hizo una estrella en la radio y la televisión cantando boleros, entre ellos:

> *Qué ganas de llorar en esta tarde gris / en su repiquetear*
> */ la lluvia habla de ti. / Remordimiento de saber /*
> *que por mi culpa nunca, vida, nunca te veré...*

con la Billo's Caracas Boys, la orquesta más popular de Venezuela. En las fiestas del edificio las parejas se abrazaban, apretaditas, cuando bailaban los boleros que cantaba José Luis, el flaco buenmozo de Los Jardines que después se convirtió en actor, en El Puma y el marido de una de las cantantes más queridas en Venezuela: la gran Lila Morillo.

Enrique Guzmán, contemporáneo y vecino de José Luis, también visitaba *Cerro Grande* y después, apareció en México cantando rock:

> *Ahí viene la plaga / me gusta bailar / y cuando está*
> *rocanroleando / es la reina del lugar,*

y se casó con otra grande del espectáculo pero del mexicano, Silvia Pinal, la diva de Buñuel, la protagonista, entre otras, de

Viridiana.

Estelita del Llano, la gran bolerista de Venezuela, vivía en El Valle y se inició cantando junto a José Luis Rodríguez y otros muchachos de la zona en un conjunto juvenil, Los Zeppy, que aparecía en televisión y nos hacía sentir muy orgullosos porque después los veíamos en los pasillos del edificio, cerquita de nosotros. A Estelita no la recuerdo en *Cerro Grande* pero años después su voz me acompañaba, como a miles de venezolanos, en la radio y las rocolas con aquel bolero:

> *Tú sabes que te amo / y sabes que te quiero. / Tú sabes que te llamo / y en sueños por ti sueño. / Tú sabes que te espero, / no tardes en venir, / pues sabes que no puedo, / yo no puedo estar lejos de ti.*

Daban ganas de llorar. Esa canción parecía escrita por las vecinas de *Cerro Grande* y las mujeres de Caracas para otro muchacho –también vecino de José Luis en Los Jardines–, que oíamos cantar por radio, veíamos en televisión y, muchas veces, llegaba al edificio con pantalones vaqueros bien ajustados, el cabello engominado y el copete teñido, casi rubio, bien levantado con brillantina *Palmolive*. Cherry Navarro se hizo famoso cantando *Aleluya*:

> *Una lágrima en la mano, / un suspiro muy cercano, / una historia que termina, / una piel que no respira, / una nube desgarrada, / una sangre derramada. / ¡Aleluuuuya! (...) / Estas son las cosas / que me hacen olvidar / este mundo absurdo / que no sabe a dónde va. / ¡Aleluya, aleluya, aleluuuya!...*

Pero aun siendo buenmozo, joven y exitoso, Cherry se murió, temprano, de una extraña enfermedad. Fue muy triste. Ese entierro no lo vimos pasar desde el balcón del apartamento, pero sí la noticia por la prensa y la televisión.

TIEMPOS DE CLUBES

Parte de las grandes fiestas en la Caracas de los años cincuenta se celebraban alrededor de los toros, algunos al estilo español con las corridas en el Nuevo Circo, pero las criollas eran en las mangas de coleo, a la llanera.

Había mangas populares en los campos cercanos a Caracas y otras más elegantes dentro de la ciudad, como la del Club Campestre Los Cortijos, un lugar bucólico entre muchos galpones de fábricas, en el límite de la ciudad por el Este. Allí iban familias de la clase media caraqueña a compartir con amigos, divertirse y regodearse con el nacionalismo imperante en la época: los toros coleados, las parrilladas y los conjuntos domingueros de arpa, cuatro y maracas, alrededor de la piscina del club.

En aquella época los clubes caraqueños, pero con sabor de la provincia y el extranjero, eran los sitios de reuniones sociales de las familias. Eran exclusivos donde "solo iba gente como uno" a divertirse y a hacer negocios, incluido el de "casar bien a los hijos", según comentaba una señora mayor, vecina de *Cerro Grande*, que siempre estaba vestida de negro porque le gustaba ir a velorios y así siempre estaba lista para salir ante cualquier noticia.

En las urbanizaciones más elegantes de Caracas, incluso construidas antes de los cincuenta, la sede del club era espacio central. El Club Paraíso y el Country Club antecedieron a los de Altamira y Los Palos Grandes, en las urbanizaciones del mismo nombre. A mediados de los cincuenta, en el litoral central, inauguraron el Club Puerto Azul, para quienes podían pagar el alto costo de las acciones. Amigos de papá y mamá nos invitaron algunas veces para allá. Cerca estaban Playa Azul y Camurí, otros clubes de playa, pero allí nunca fuimos porque los amigos de papá y mamá no llegaban a tanto.

Sucesivamente y como consecuencia de la migración interna, las familias con recursos medios provenientes de la provincia fundaron las casas regionales, suerte de clubes donde los paisanos se reunían para reencontrarse, compartir comidas de su tierra, nostalgias y tradiciones. Destacaban la Casa Sucre, la Monagas y la de Lara que en carnavales desfilaban sus carrozas con sus respectivas reinas.

Pero el más activo de esos centros sociales regionales era el Club Táchira, en las Colinas de Bello Monte, con unas monumentales instalaciones diseñadas por otro arquitecto de la modernidad venezolana, Fruto Vivas. Quizás el que el dictador Pérez Jiménez fuese nativo de ese estado incidió en tan soberbia construcción para el disfrute de los otros migrantes andinos. Las casas de Mérida y Trujillo, las que correspondían a mi familia, o no existían o tenían menos actividad, pero nunca fuimos a ninguna de esas casas; lo nuestro eran fiestas familiares y las de los vecinos de *Cerro Grande* que hacían muchas.

Las colonias de extranjeros que empezaban a echar raíces en tierras venezolanas también crearon su club o equivalente, donde, por supuesto, solo se reunían entre paisanos. Por eso no íbamos al Centro Vasco, ni al Asturiano, ni al Club Catalán, tampoco a la Hermandad Gallega, a la casa de Italia o al Club Portugués. Mucho menos fuimos a otros sitios de comunidades más herméticas para ese entonces como el Club Libanés, el Chino o las instalaciones sociales de judíos alrededor de las sinagogas. A ellos solo los veíamos en los comercios del centro de la ciudad.

Cerro Grande no sería un club pero por las diversiones y tradiciones que allí se celebraban parecía uno. No teníamos piscina, ni manga de coleo, ni se hacían parrillas colectivas pero teníamos una cancha de bolas criollas con matas de guama alrededor y kiosco para venta de cerveza durante los eventos. No recuerdo familias extranjeras entre los vecinos, ni tan siquiera descendientes inmediatos, aunque muchas lo fuéramos en dos o tres generaciones. Los que vivíamos en *Cerro Grande* se podría decir que éramos venezolanos de pura cepa.

LOS ORGULLOS DEL PROGRESO

Las familias de *Cerro Grande*, como las de cualquier conglomerado humano, eran variadas en gustos y posibilidades económicas; eso se reflejaba en el mobiliario y artefactos de los apartamentos. Mi familia comenzó comprando los muebles en *Sears Roebuck de Venezuela*, una de las primeras tiendas por departamentos en Venezuela, ubicada en Bello Monte. Este *Sears* era sucursal de la cadena estadounidense, por lo que todo lo que allí vendían era "americano", importado, garantía de calidad para nosotros. El primer juego de sala que mamá y papá compraron en *Sears* era tapizado en semicuero, en forma semicurva, el asiento en naranja y el respaldar beige. Todo era semi, nada completo. En el recuerdo los veo feos.

Años después, el juego de sala y el comedor de nuestro apartamento fueron sustituidos por unos de estilo danés comprados en *Beco*, una tienda ubicada en sus inicios en la esquina de Puente Yáñez, por La Candelaria. Allí empezaron a vender un mobiliario que después fue de los más exquisitos de la ciudad y se convirtió en otra tienda: *Capuy*, cuyo nombre viene precisamente del negocio que le dio origen: *Carpintería Puente Yáñez*. Papá tenía unos excompañeros del colegio salesiano y las esposas de ellos le decían a mamá dónde comprar muebles elegantes, que valieran la pena.

Otras familias de *Cerro Grande* amoblaron sus apartamentos en *La Liberal*, una tienda en el centro de la ciudad, donde se podían pagar en cómodas cuotas, o en las mueblerías de árabes de la avenida Sucre de Catia, donde no daban crédito pero era mucho más económico adquirirlos. Algunas familias trajeron los muebles que tenían en sus anteriores casas, los cuales —como era de esperarse— resultaron desproporcionados para el tamaño de los apartamentos y restringían el espacio para movilizarse. Eso sí, cuando en uno de esos apartamentos había fiesta, despejaban la sala sacando los grandes muebles al pasillo del edificio. Ningún vecino se quejaba por eso y ya con la sala despejada echaban talco, de ese para bebés, en el piso de granito para que los pies se desplazaran más fácilmente y ¡a bailar se ha dicho!

Posiblemente, la nostalgia de algunas familias por la casa que habían dejado o el desconocimiento sobre las nomenclaturas o formas de identificación de los apartamentos en edificios, las llevó a colocar nombres propios en las puertas de sus viviendas como solemos, en Venezuela, identificar las casas —más específicamente, las casaquintas— ubicadas en las urbanizaciones. *Villa Claret*, decía una placa de hierro con fondo negro colocada en la puerta por la vecina del apartamento 12-30 y *Coromotana*, en letras cursivas de hierro, colocaron quienes ocupaban el 6-02.

En materia de artefactos, lo que dejaba ver el progreso de nuestras familias eran las adquisiciones de equipos de música, la línea blanca y otros electrodomésticos. La gran tienda para adquirirlos era *Blanco Peñalver y Co.*, en las cercanías de la iglesia Santa Teresa, en el centro. Las cocinas de kerosene marca *Perfection*, las neveras *Frigidaire* o *General Electric*, y los equipos de sonido *RCA Victor*, todos en perfecto inglés, formaban parte de los recursos de ostentación.

Algunos de nuestros vecinos, en la medida que prosperaban, se ponían a la par del avance tecnológico del país, adquiriendo algunos aparatos que aumentaban el orgullo familiar, particularmente de las mamás, como la pulidora *Sears* o *Electrolux* con la que dejaban relucientes los pisos de granito usando cera *Beautiflor*. Lo lamentable fue que con la llegada de ese aparato al hogar se perdió una forma de celebrar algunas labores en aquel recinto, particularmente, la limpieza de pisos: antes de la pulidora, las mujeres jóvenes y los muchachos de la casa pulíamos el piso arrastrando un trapo con los pies al ritmo de cualquier música bailable; el Piano Merengue, interpretado por Damirón, era ideal para eso porque uno se movía para allá y para acá, daba vueltas, gozaba, y el piso quedaba tan pulido como con la pulidora o como el que lograban algunas conserjes portuguesas o gallegas en las entradas de los edificios donde trabajaban. Pero ellas pulían agachadas en el suelo, con las manos, y es de imaginar, sudando la gota gorda, no gozando como nosotros.

Otro artefacto que sirvió para ostentar progreso fue adquirir la lavadora de ropa y olvidarse de las que había en el piso 4 del edificio. Las mamás querían una lavadora propia aunque fuese de rodillo, esas que en la parte superior tenían dos piezas giratorias por las que se pasaba la ropa mojada y salía exprimida y aplastada como una masa para pizza. De allí a secarla al sol en los colgaderos, en la parte de atrás de cada apartamento, la que daba hacia el cerro, nunca hacia el frente, en los balcones que daban a la Calle Real y la Escuela Militar. Eso estaba prohibido por la superintendencia del edificio. Secadora centrífuga, como las que había en el piso 4, era una extravagancia que se podían permitir solo unas pocas familias en *Cerro Grande*.

Pero lo que fue un objeto ansiado, modernizador y de ostentación en los hogares, no solo de *Cerro Grande*, sino de la clase media venezolana de aquel entonces, fue la adquisición del ayudante de cocina *Electrolux*: un aparato que integraba licuadora, batidora, molinillo de carne, trituradora de aliños y cuanto implemento se necesitara para procesar los alimentos en el hogar. Las mamás lo mostraban llenas de orgullo junto a la mezcla que lograban al batir los huevos, la harina y el azúcar en aquella batidora para hacer una torta o pastel, según lo había indicado Ana Teresa Cifuentes, *La perfecta ama de casa*, en su programa de televisión matutino con ese título.

Ante la versatilidad del ayudante de cocina, la licuadora, la *Oster*, que años o meses antes había sido la reina de los electrodomésticos, quedó reducida para "osterizar" –batir o licuar– la leche en polvo, los jugos de fruta o los aliños.

Todos esos artefactos eléctricos eran americanos, importados de los Estados Unidos, y aunque la mayoría de las familias los compraran con cierto esfuerzo económico que podía llegar hasta el sacrificio, obtenían doble ganancia: un producto de calidad y prestigio social.

Cuando la mayoría de las familias de *Cerro Grande* adquirieron el ayudante de cocina, ya casi todas habían sustituido la cocina de kerosene por una de gas y los fósforos quedaron para prender las velitas de cumpleaños y las de los santos en el cuarto de las abuelas. Pero la señora del apartamento 10-30 que hacía arepas para vender, resistente a la modernidad, decía que en el horno de la cocina de kerosene las arepas quedaban más tostadas y las seguía haciendo allí. Algo semejante pasó con nuestra abuela materna cuando, un Día de la Madre, mi mamá y mis tías le regalaron una cocina de gas. Ese regalo quedó cubierto en plástico, por años, al lado de la fiel pero incómoda cocina de kerosene.

Imprescindible en aquellos hogares era el tocadiscos o picó, así fuera pequeño, portátil, baratón, con tal de que reprodujera música. Pero la mayoría hizo un esfuerzo y compró uno grandote, potente, de la mejor marca que hubiera en el mercado. A veces, el tocadiscos venía incorporado a un mueble que incluía una radio con muchas teclas, un dial iluminado y hasta espacio para guardar discos, no muchos, pero sí los que se oían más frecuentemente. Los más populares eran los *Philco*, *Admiral* y los *RCA Victor*, famosa marca por su emblema de un perro aullando al lado de una vitrola. Si los recursos económicos lo permitían, agregaban cornetas adicionales, lo que solía suceder.

QUE SIGA LA MÚSICA

En el balcón de nuestro apartamento en *Cerro Grande* se escuchaba música que papá oía en la radio cuando vivíamos cerca de la plaza Capuchinos o en La Candelaria; era en el programa *¡A gozar, muchachos!*, donde tocaba la Billo's. Manolo Monterrey cantaba:

> *Swing con son, qué sabrosón. / Swing con son, qué*
> *rico son. / No es foxtrot ni es danzón, / solamente*
> *swing con son. / Swing con son, qué sabrosón. /*
> *Swing con son, qué rico son. / Swing con son maaami.*
> */ No es bolero, rumba ni danzón, / solamente swing*
> *con son…*

Esa papá la bailaba lento y solo, pero antes, porque en *Cerro Grande* ya no bailaba. Mamá nunca bailó, no le gustaba, y menos en ese entonces que vestía de tristeza.

Papá también tarareaba una pieza cantada por Benny Moré:

> *María Cristina me quiere gobernar / y yo le sigo y le*
> *sigo la corriente / porque no quiero que diga la gente*
> */ que María Cristina me quiere gobernar…*

A lo mejor papá pensaba en mamá mientras escuchaba esa canción. Él también seguía la voz de Bobby Capó y le daba a los pies cuando sonaba:

> *La múcura está en el suelo / ¡Ay mamá, no pueeedo*
> *con ella! / Me la llevo a la cabeza / ¡Ay mamá, no*
> *pueeedo con ella! / Y es que no pueeedo con ella, /*
> *mamá, no pueeedo con ella…*

Papá no era hombre de esfuerzos. Lo suyo era suave.

La pieza que yo creo que a papá le hubiera gustado bailar era *El Alardoso*, interpretada por el coro de la orquesta de Luis Alfonzo Larrain:

> *Cuando llego yo a la fiesta / las nenas se me alborotan / dicen que yo soy candela / dicen que yo soy el diablo / y no es verdad. / Se disputan por bailar / porque dicen que soy crema / que yo soy un mantecao / y que tengo en la cintura / algo sobrenatural...*

Bueno, yo no sé si eso era lo que quería papá, pero en mis tiempos de adolescente yo sí quería ser como el Alardoso; claro, tendría que esforzarme mucho porque en *Cerro Grande* y en El Valle tenía mucha competencia.

Aunque no poníamos música en nuestra casa, yo me recostaba de la baranda del balcón a escuchar música muy variada como los boleros cantados por la puertorriqueña Virginia López:

> *Cariñito azucarado que sabe a bombón, / amorcito consentido de mi corazón. / Sin saber cómo ni cuándo surgió este romance, / sin que yo supiera dónde iba a llegar. / Comenzó por un dedito y la mano agarró / se trepó por un bracito y al labio llegó...*

Y las guarachas. Había una cantada por Nelson Pinedo con la Sonora Matancera que me ha gustado desde entonces:

> *Mírame, mírame; quiéreme, quiéreme, bésame morenitaaa / que me estoy muriendooo / por esa boquitaaa / tan jugosa y fresca / tan coloraditaaa / como una manzana / dulce y maduritaaa...*

Pero una de las que yo más disfrutaba era cantada por Emilita Dago, la cubana voz femenina de Los Melódicos. Ella, con voz muy sensual, canturreaba:

Cuando tú me besas algo se me va, / se me va la fuerza de la voluntad. / Me tiemblan las piernas, quedo sin razón. / Es inexplicable toda esta emoción. / Me da un cosquilleo y lo siento aquí / me da un cosquilleo y lo siento acá…

Y yo, a los trece, acostado en el suelo del balcón, también sentía una cosa que me recorría el cuerpo.

La música que oíamos por esa época se reproducía en discos de acetato o vinilo grabados en 78, 45 o 33 revoluciones por minuto (r. p. m.), según la velocidad con la que se desplazaban en el plato del tocadiscos. Para lograr la velocidad adecuada había que mover primero una tecla que daba el giro deseado al plato y, luego, cambiar la aguja en el brazo del tocadiscos. Si uno se olvidaba de esos cambios sonaba un desastre: voces y música a tiempo lento o rápido, según lo que se había hecho, pero incomprensible, que a nadie invitaba a bailar y había que taparse los oídos mientras se pasaba a la revolución correcta.

Los discos de 78 han debido ser los primeros que la industria produjo porque aunque eran del tamaño de una pizza individual, eran pesados y cada vez que uno caía sobre el otro en el plato del picó, sonaba ¡plaf!, como si se fuera a quebrar el disco que estaba abajo. En cambio, los discos de 45, del tamaño de una minipizza y con un hueco grandote en el medio que obligaba a ponerle un aditamento para colocarlos en el pistilo de los discos, no sonaban fuerte cuando caían sobre el otro. Esos discos, como los de 78, traían dos piezas musicales, una por cada lado, por lo que había que voltearlos según lo que se quisiera oír y eso era un fastidio. En cambio, los LP de 33 r. p. m, que vinieron después, eran livianos, de vinilo, y tenían como seis piezas musicales en cada lado, separadas por surcos; así que si se ponían en el tocadiscos seis LP, uno arriba del otro, se tenían como 36 piezas continuas. No era como una rocola, ni un *iPod*, pero se lograba un efecto parecido y se podía bailar sin parar.

Aunque en nuestro apartamento no se bailara, pocos meses después de mudarnos a *Cerro Grande* estábamos felices: había nacido una nueva hermana. Mamá se vistió de sonrisas y cuidos.

LA TELE

Cuando nos mudamos a *Cerro Grande*, trajimos uno de los pocos televisores que por ese entonces hubo en el edificio. Papá, hombre de avanzada tecnológica o quizás de una cierta solvencia económica (al menos hasta el fin de semana cuando se iba al hipódromo), como salimos bien en los exámenes finales, nos regaló uno de los primeros televisores que se vendieron en el país. Por eso, a partir de las cuatro de la tarde de cualquier día, nuestros amigos venían a ver la tele al 12-33.

No había mucho para escoger entre los programas, solo tres canales y en casi todos pasaban lo mismo: comiquitas, series de vaqueros o de animales, algunos cómicos; todos producidos en los Estados Unidos. En la noche comenzaban los programas nacionales.

Las comiquitas en dibujos animados de *El Gato Félix*, *Tom y Jerry*, *El Pájaro Loco* y *El Conejo de la Suerte*, las que más transmitían, no eran nada cómicas, todos los personajes se la pasaban persiguiéndose, se daban muchos golpes y hacían desastres. No nos hacían reír pero nos entreteníamos viendo las travesuras.

Entre las series que preferíamos estaban *Furia*, las aventuras de una yegua negra, briosa, que pertenecía a un ranchero del oeste norteamericano y a su hijo, un niño que no tenía mamá. Era raro, en *Cerro Grande* todos los niños teníamos mamá; *Lassie*, una hermosa perra collie que siempre ayudaba a su amo, un niño como de nuestra edad que vivía en una casa como la nuestra en El Hatillo pero en los Estados Unidos; *Las aventuras de Rin-Tin-Tin*, un perro pastor alemán que siempre salvaba a Rusty, un muchacho también como de nuestra edad pero que vivía en un fuerte militar con soldados que peleaban contra los indios, no en la parte de atrás de un superbloque. Rusty iba uniformado pero no de *boy scout*, como algunos de nuestros vecinos, sino como los soldados del fuerte. Él le decía: "¡Ahooora, Rinti!", y Rinti atacaba a quien tenía que atacar, ya fuera a una mapanare o a un piel roja. Nosotros queríamos tener un pastor alemán como Rinti, pero no podíamos: mamá decía que los perros de esa raza son muy grandes para apartamentos y que, si acaso, un cocker spaniel o un pekinés, ¡pero esos no salvaban a nadie!

A los tres hermanos lo que más nos gustaba ver eran los programas de vaqueros. El primero que vimos fue la serie de *Hopalong Cassidy*, un vaquero vestido de negro, canoso como un abuelo, aunque con tanta puntería que mataba a quien le disparara, igual que hacía el vaquero de otro programa: *Gene Autry*, que tenía un revólver para disparar y una guitarra para cantar. A mí, de las series de vaqueros la que más me gustaba era *Cisco Kid* que, a pesar de cabalgar en un caballo llamado Diablo, siempre ayudaba a los pobres y tenía un amigo mexicano que cuando terminaba el programa le decía "¡Oh, Pancho!" y el gordo de grandes bigotes, riéndose, respondía: ¡Oh, Cisco!

Otra serie de vaqueros que veíamos mucho era la de *El Llanero Solitario* que llevaba siempre un antifaz como que si todo el año fuera carnaval, cabalgaba en su caballo Silver, y se acompañaba por Toro, un indio apache, que casi no hablaba y estaba al servicio de quien parecía su amo. Toro también se llamaba el compañero de otro vaquero, *Kit Carson*, de una serie que siempre terminaba el programa con el protagonista frente una máquina dispensadora de *Coca-Cola* para refrescarse después de haber capturado a unos cuantos forajidos en el desierto del oeste norteamericano.

Las loncheras que llevábamos al colegio las identificábamos por la imagen del vaquero que tenían en la tapa. A mí me compraron la de *Hopalong Cassidy*, quizás por aquello de ser el hermano mayor. No me acuerdo de los vaqueros de mis dos hermanos aunque en los copetes de madera de nuestras camas nos colocaron la misma calcomanía a los tres: una de *Gene Autry* montado en su caballo de rodeo. Quizás por ser las únicas que en la quincalla, entre motivos florales o religiosos, mamá encontró adecuadas para las camas de sus muchachos.

Los domingos por la noche, ya en pijamas, veíamos *Caravana*, una larga y casi eterna travesía de colonos por el oeste norteamericano sin rumbo fijo, solo andar y andar hasta que eran atacados por los indios, como a nosotros en el cerro detrás del edificio. Pero la serie que más nos divertía no era de vaqueros sino de dos hombres, *El gordo y el flaco*, que nos hacían reír mucho porque eran bien cómicos, como tontos.

En los programas "en vivo" se veía gente parecida y que hablaba como nosotros. *Bambilandia* era uno infantil con un lema musical pegajoso: "El país donde los niños son felices y gozan más". El protagonista era un ratón que no era Mickey y siempre creímos que había un niño debajo del disfraz pues, al fin y al cabo, era ratón Pérez; pero no, años después salió en el periódico una entrevista a la niña protagonista de ese programa. ¡Vaya sorpresa!

Otras noches, temprano, pasaban *Cuentos de Hadas* de Lily Álvarez Sierra, donde aparecían las brujas *Zascandil y Escandulfa*, que cuando entraban en escena diciendo "¡Lechuza, lechuza, lechuza!", uno sabía que lo que venía era maldad pura.

A mamá le gustaba ver con nosotros *Frijolito y Robustiana*, las peripecias de un bodeguero y una cliente, muy parecidos a gente que veíamos en *Cerro Grande* y por los alrededores. Tenían la cara pintada como con betún, como nos las ponían en los actos culturales de la escuela para que pareciéramos negros. Los de verdad, verdad no aparecían en la televisión y tampoco en nuestra escuela. Otro programa que nos gustaba ver con mamá era *¡Qué tiempos aquellos!*, las anécdotas de una familia caraqueña, por allá, por los años veinte. Eran divertidos esos programas aunque aburrían un poco porque todo ocurría dentro de una bodega o una casa.

Los vecinos mayores no venían a casa a ver televisión porque los programas para adultos eran tarde en la noche y les daría pena molestar.

A las ocho en punto, aparecía en la pantalla un señor calvo, con bigotes como los de papá, pero muy serio. Se llamaba Francisco Amado Pernía, el narrador de *El Observador Creole*. Leía las noticias nacionales, que reflejaban el gran ideal nacional de la dictadura y las de otras partes del mundo, con la óptica del gran ideal internacional de las agencias de noticias de los Estados Unidos. Una sola mirada de adentro y de afuera.

Lo que nos tenían prohibido ver en la televisión era la novela *Camay* o *Único* –los programas de esa época se identificaban con el nombre del producto patrocinante– a las nueve de la noche. El comienzo de la novela coincidía con el sonido de la diana en la Escuela Militar y nos mandaban a dormir, como a los cadetes. "Las novelas no son para niños", decía mamá. Pero, a veces, a escondidas desde el dormitorio, lográbamos ver cómo el actor se acercaba a la actriz mirándola a los ojos, la abrazaba para darle un beso en la boca, y ella, emocionada, volteaba un poquito y en pantalla aparecía la lágrima que le brotaba.

Al siguiente día como el anterior y el que seguía, mientras almorzaba toda la familia en el comedor, veíamos *El Show de las Doce*, animado por un señor gordo, de baja estatura, calvo y con lentes. Parecido un poco al presidente de la república pero era más moreno, tenía bigotes y sonreía, el otro no. Víctor Saume, el animador del show, nos dejaba ver el rostro y cuerpo entero de los cantantes que oíamos en la radio o en los discos. Descubrimos cómo eran Carlos Argentino, El Indio Araucano, Mona Bell y una cantante enigmática que no tenía nombre propio, solo identificada como *Ella, la inolvidable*. Ese nombre fue como un presagio porque aunque era bonita y cantaba bien, se murió en un accidente de aviación y, de verdad, se me hizo inolvidable. Era bella ella.

En *El Show de las Doce* vimos varias veces a Lucho Gatica, el bolerista chileno que les gustaba a las muchachas de *Cerro Grande* y a las que iban al show. Lo que más cantaba él era su hit:

Reloj no marques las horas / porque voy a enloquecer, / ella se irá para siempre / cuando amanezca otra vez. / Nomás nos queda esta noche / para vivir nuestro amor...

Gatica era el gran competidor de Alfredo Sadel, el tenor de Venezuela quien, con su versátil voz, interpretaba desde boleros en tono operático como:

Es que tu acaso no escuchas / mi grito doliente, / la voz de mi alma / que llora tu amor / y te pide que vuelvas / con tus labios ardientes / y tu alma encendida...

o pasodobles, como:

¡Silverio, Silverio Pérez! / Diamante del redondeeel / tormento de las mujeres / a verrr quién puede con élll...

Hasta valses dulzones:

Damisela encantadooora / damisela por tiii yo muero / si me miras, si me besas / Damisela, serás mi amoorr...

Con cualquiera de sus interpretaciones, Sadel enloquecía a las muchachas que asistían a *El Show de las Doce* o que en sus casas lo veían por televisión o escuchaban sus discos. Mi tía, la que era vecina nuestra en *Cerro Grande*, militante de la juventud comunista y todo, se mordía los labios oyéndolo.

Otro cantante venezolano exitoso en ese show fue Néstor Zavarce, quien siendo niño apareció en la pantalla grande con *La balandra Isabel llegó esta tarde* y en la pantalla chica enloquecía a las muchachas interpretando una canción que parecía una nana infantil:

Cuenta la leyenda que en un árbol / se encontraba
encaramado / un indiecito guaraní, / que sobresaltado
por el grito de su madre / perdió apoyo y cayendo se
murió, / y que entre los brazos maternales / por
extraño sortilegio en chogüí se convirtió.

Unas voces femeninas del coro y del público y hasta de los
televidentes entonaban el estribillo:

Chogüí, chogüí, chogüí, chogüí…

Y las muchachas se volvían como locas tratando de quitarle
el saco y la corbata, de desvestir al cantante.

En ese show también oímos varias veces *Ansiedad*, una pieza un poco más romántica:

Ansiedad de tenerte en mis brazos
musitando palabras de amor…

interpretada por Rafael Montaño o Adilia Castillo o
Alfredo Sadel. Todo el mundo la cantaba. Inclusive, Lucho
Gatica, el chileno; y Nat King Cole, el gringo. No recuerdo ha-
ber visto a Chelique Sarabia, el exitoso compositor de esa can-
ción, por los pasillos de *Cerro Grande* pero él era amigo de Cherry
Navarro, el del copete engominado y, seguramente, de José
Luis, el flaco buenmozo, ambos de Los Jardines del Valle. Muy
posiblemente fue alguna vez para allá con ellos.

Los sábados se elegía la novia de *El Show de las Doce*. Esa era
otra oportunidad para las jóvenes que querían abrirse camino
en la vida a través de reinados o concursos de belleza. Algunas
de nuestras vecinas fueron a concursar a ese show, no recuerdo
que hubiera ganado alguna pero sí que luego, en el ascensor del
edificio, alguna señora, llena de orgullo y con mirada tierna, le
dijera: "Te veías linda en la televisión, mi amor".

ALÓ ¿QUIÉN LLAMA?

Otro aparato que dejaba ver el modernismo de la época eran los teléfonos. Los de la mitad del siglo XX eran de baquelita, pesados, negros, con un disco para marcar el número y venían en dos modelos: de mesa y de pared. También eran símbolo de estatus en los hogares.

Sin embargo, en *Cerro Grande* mi familia nunca instaló teléfono. Menos mal que algunos vecinos sí lo hicieron, entre ellos los de al lado de nuestro apartamento y los de abajo. Eran gente amable. Uno les pedía prestado el teléfono y siempre accedían y hasta recibían llamadas para nosotros. Mamá decía que le daba mucha pena cuando uno de ellos venía a decirle que la estaban llamando. Sin embargo, al atender la llamada de la abuela o una de las tías, se instalaba un buen rato, con toda tranquilidad, como que si estuviera en su casa. Por qué nosotros no tuvimos nunca teléfono mientras vivimos en *Cerro Grande* está entre los misterios de mi adolescencia. Las tías y las dos abuelas sí tenían y tuvimos que memorizar sus números por si acaso nos perdíamos. Menos mal que solo eran de seis dígitos, fáciles de aprender. Cuando repicaba el teléfono donde la abuela paterna, antes de responder, ella pasaba por el espejo para retocarse el cabello, alisarse el vestido, chequear si estaba presentable. Era coqueta esa abuela.

¡A VOLAR SE HA DICHO!

Hasta mediados del siglo XX, los venezolanos viajaban poco al exterior. Los viajes en barco, aunque tenían su encanto, podían ser molestos por lo largo de las travesías y los mareos, vómitos y dolores de cabeza producidos por tanto bamboleo. Viajar a Europa no entusiasmaba por aquello de los estragos de la recién finalizada guerra. Era poco atractivo ir a países empobrecidos, medio destrozados. Más bien, de allá venía la gente en transatlánticos y desembarcaban en el puerto de La Guaira.

Solo a algunos intelectuales, como mis tíos maternos, les seguía atrayendo la bohemia de París. La gente común prefería ir a las islas del Caribe, a Bogotá y la más chic a Nueva York. Miami apenas comenzaba a descubrirse. Algunas de nuestras tías y vecinas iban a Curazao y Puerto Rico a comprar ropa para revender en Caracas. Así hicieron pequeños capitales.

Cerca del puerto de La Guaira, aviones cuatrimotores comenzaron a aterrizar y despegar con frecuencia del aeropuerto de Maiquetía. Poco a poco, el mundo empezó a hacerse ancho y dejaba de ser ajeno para los que tenían el privilegio de ir fuera del país. A mitad del siglo XX viajar en avión era una extravagancia para cualquiera y un acontecimiento para las familias.

La gente se entusiasmaba con volar pero también le daba susto, aunque lo disimulara. Además del miedo a lo extraño, a aquel aparato largo, de hierro, hermético, que se elevaba por los cielos y que si se caía se mataban todos los pasajeros y la tripulación. Era verdad que durante el vuelo se producían unos vacíos o turbulencias que daban mucho susto y, como en los barcos, los fuertes bamboleos producían mareos, vómitos. Entonces, a veces, había que optar por la bolsa de papel colocada en la parte de atrás del asiento delantero y vomitar. Así, a pesar de lo elegante que se fuera vestido.

Como las líneas aéreas no incluían un rosario para que la gente rezara durante el vuelo, una tía viajera siempre lo llevaba en su equipaje de mano y rezaba durante todo el viaje. "Uno no sabe cuándo se va a caer", decía.

Por aquellos tiempos, los familiares iban en caravana hasta el aeropuerto a despedir o recibir al pariente viajante. Cuando el viaje era para el exterior las mujeres usaban sombreros, algunas con un velito que casi no les dejaba ver la cara, y guantes hasta los codos, como los que llevaban a las fiestas elegantes. En el momento de la despedida —y, a veces, hasta en las llegadas— ellas lloraban, pero los hombres no. En Maiquetía, a pesar de los treinta y tantos grados a la sombra, a ellos no les estaba permitido quitarse la corbata, tampoco el saco, ni el sombrero. Vivían ahogados en los aeropuertos y en otros lugares también.

Para los hombres, en casi todos los contextos, el uso de flux y corbata era obligante a pesar del clima tropical. Cheo García, el de la Billo's, les cantaba:

> *Si tú ya estás sudandooo por todas partes, / si tú ya estás sudandooo por todas partes. / ¿Por qué no te quita el sacooo pa' refrescarte? / ¿Por qué no te quita el saco pa' refrescarte?*

Y el coro le respondía:

> *porque tengo la camisa rota / porque tengo la camisa rota / porque tengo la camisa rota / porque tengo la camisa rota...*

Esa sería una excusa porque los hombres en la Caracas de esa época iban con el saco puesto aunque se asaran bajo los calores caribeños y, por supuesto, si tuvieran la camisa corta.

GLAMOUR CINCUENTOSO

El ahogamiento social de la época también se ha debido sentir en las fiestas citadinas con "aires de prestancia", las de la gente con dinero. La exigencia de vestir para las mujeres era usar falda a media pierna o larga y si el festín era muy elegante, como una boda, debían llevar sombreros, guantes, unas carteritas que llevaban todo el tiempo agarradas con la mano, no colgadas del hombro, y estolas de piel de zorro u otros animales, como en la temporada de invierno de Europa y Norteamérica. Para ir a fiestas de ese tipo, mamá no tenía de esas estolas, pero se las pedía prestadas a una de las hermanas de papá. Lo que sí tenía mamá, como todas las mujeres de la época, eran medias de nailon de varios colores pero la mayoría de color carne, con vena o sin ella. Algunas veces, andando por la calle, las medias "se le iban", o sea, los hilos del nailon se reventaban, pero mamá siempre tenía en su cartera pintura de uñas transparente que al ponérsela a las medias, evitaba que los hilos se siguieran "yendo" y seguía caminando como que si nada.

Las venezolanas con más recursos económicos viajaban a comprar sus atuendos a Nueva York o París, pero si tenían que hacerlo en Caracas, iban a la Gran Avenida, cerca de la antigua Calle Real de Sabana Grande, donde estaban las tiendas chic. Era una cuadra parecida a la Quinta Avenida de Nueva York, pero chiquitica. Allí, como preludio de los venideros centros comerciales que nos acercarían más al estilo de vida de los Estados Unidos, se concentraban las vidrieras de las tiendas más elegantes de la ciudad: la peletería *Canadá*, con estolas y pieles; la zapatería *Gran Avenida*; la sombrerería *Margot Meyer*; la boutique *Christian Dior*, donde las más elegantes y adineradas de la ciudad compraban lo que lucirían en la boda de la novia que se había mandado a hacer el vestido, por allí mismo, en la boutique de *Piera Ferrari* y aprovechaban para comprar el regalo en *Reflejos*, la tienda de Beatriz Morreo, o al lado, en la platería *Camusso*.

Pasar por las vidrieras de la Gran Avenida era como ver escenas de películas con Audrey Hepburn, fantasear que se estaba en otro país, aunque en el techo de aquella galería de tiendas había un gran aviso comercial con un oso polar tridimensional sobre un gran témpano de hielo que lo devolvía a uno a la realidad tropical porque era la imagen de *Polar*, la cerveza más popular de Venezuela, la que se bebía durante los torneos de bolas criollas en *Cerro Grande*, en el estadio de beisbol o en cualquier bar del país donde sonaran rancheras o boleros en la rocola.

Las señoras y muchachas de *Cerro Grande* se vestían con más sencillez, por supuesto. La mayoría se mandaba a hacer sus trajes con una pariente que cosiera, su modista o, si tenían más recursos, compraban los vestidos a las señoras que los traían de Curazao o en *Selemar*, una cadena de tiendas para damas que se expandía por la ciudad. Si a mamá la invitaban a una fiesta elegante, también podía pedir el vestido prestado a una de sus cuñadas o a una de las amigas que vivían en Las Mercedes y, posiblemente, algo semejante hacían otras señoras de *Cerro Grande* cuando tenían invitaciones de ese tipo. Pedir ropa elegante prestada era usual en la Caracas de esa época.

En general, para los hombres de cualquier sector social, la exigencia del vestir era austera y homogénea: traje de casimir de colores oscuros, camisa blanca bien almidonada y corbata. Papá era muy exigente con eso de las camisas "de cuello" para ir al Ministerio o a una celebración. No permitía que lo tocáramos cuando la tenía puesta. El único contacto físico posible era que mamá o alguno de nosotros, previa demostración de manos limpias, le colocáramos las yuntas de oro en los puños de la camisa. Ese era el acto casi final, después de bañarse con jabón *Heno de Pravia*, y colocarse una colonia que podía ser *Jean Marie Farina*, *Yardley*, *4711* o *Atkinson*, que le regalábamos en Navidad, de cumpleaños o el Día del Padre.

Así como las mujeres tenían su modista, los hombres podían mandar a hacer el flux o traje con su sastre, por lo general, alguien recomendado. En el hotel Tamanaco, los señores de más recursos económicos y *snobs* de la época esperaban a un sastre portugués conocido como Clement, a secas, que llegaba en un *Rolls-Royce* para tomarle las medidas y tomarse con ellos unos whiskicitos a la orilla de la piscina donde se bronceaban el cuerpo hermosas muchachas del espectáculo y las que llamaban de "sociedad". Los señores más clásicos y menos ostentosos preferían ir hasta la sastrería *Morreo*, en el centro de la ciudad, o a otro sastre más de parroquia, más modesto, casi anónimo, pero italiano, eso sí. También en el centro, en la esquina de Gradillas, estaba la tienda principal de *Dovilla, ¡Qué maravilla!*, donde papá y la mayoría de los que trabajaban en el centro de Caracas, compraban los fluxes hechos en serie, por supuesto, más baratos que los cosidos por un sastre.

Algunos hombres, para eventos especiales a luz del día, usaban liquilique, el traje de gala que había institucionalizado como criollo y popularizado por televisión Yolanda Moreno, la bailarina del pueblo venezolano, con sus bailarines del Retablo de Maravillas. Ese traje otorgaba distinción y les permitía reafirmar el nacionalismo imperante en la época de la dictadura. Papá nunca usó liquilique, eso sí que no, pero mi hermano, el más chiquito, sí, para bailar joropo en los actos culturales de la escuela.

En los años cincuenta casi ningún señor de *Cerro Grande* usaba sombrero pero papá seguía yendo a la sombrerería *Tudela*, en el centro de la ciudad, a comprar los suyos. Si allí estaban muy caros, iba hasta los tendederos de los mercados de Quinta Crespo o Chacao, pero siempre cargaba uno puesto.

Los muchachos usábamos pantalón de dril o de caqui. Los vaqueros o *blue jeans* que se veían en las películas solo eran para niños y adolescentes. Si uno los usaba ya más grande se veía excéntrico, como Cherry Navarro, aquel que tenía un gran copete, cantaba *Aleluya* y se murió muy joven causando gran dolor en las mujeres de la ciudad.

THE AMERICAN WAY OF LIFE

Los caraqueños que viajaban en *Pan Am* a Nueva York o a Miami regresaban encantados por los grandes edificios, el orden, la limpieza, la ropa, los artefactos, los automóviles, en aquel país del Norte donde todo era moderno, de calidad y, además, nos resultaba económico: un dólar, a mediados de los cincuenta, costaba 3,30 bolívares. Después subió a 4,30 y así se quedó por muchos años.

Los Estados Unidos comenzaban a ser referencia para los venezolanos, incluidos, por supuesto, los vecinos de *Cerro Grande*. La dictadura tenía excelentes relaciones económicas y políticas con el gobierno de Washington, ya que algunas empresas de ese país estaban extrayendo nuestro producto básico, el petróleo; mientras otras, de otros ramos, descubrían un mercado, pequeño, pero con consumidores que apuntaban a tener buenos hábitos de compra y recursos para satisfacerlos.

El presidente de los Estados Unidos en esa época, Dwight Eisenhower, tenía aspecto bonachón y sonrisa permanente, a pesar de lo belicista que era. Hacía poco tiempo había participado como miembro del Ejército en la Segunda Guerra Mundial, y tenía montada una guerra contra Corea y preparando otra contra Vietnam.

Ese presidente veía con buena cara a Venezuela, al igual que uno de los hombres más adinerados de los Estados Unidos, que sin ser el embajador plenipotenciario en el nuestro, lo era de facto: John Rockefeller, miembro de una poderosa familia del Norte. A Rockefeller le encantaban los paisajes, el clima y la generosidad de nuestra gente y, sobre todo, de la tierra y el subsuelo venezolano, por lo que, entre otras inversiones, negoció petróleo; fundó el hato *La Vergareña*, en Yaracuy, para explotar siembras y ganado; creó una de las primeras redes de supermercados –los

CADA– con lo cual comenzó una forma más moderna de adquirir los alimentos. Además, construyó el primer hotel cinco estrellas del país, el Ávila, en San Bernardino, al pie de la montaña caraqueña para el disfrute de turistas y una élite de sus habitantes.

En la década de los cincuenta, Caracas transitaba hacia la modernidad aunque el resto del país fuese bastante rural. Los cada vez más crecientes ingresos petroleros, las políticas de Estado y las inversiones extranjeras mostraban una ciudad próspera y un país prometedor. Aun cuando la influencia cultural de la inmigración europea de esa época y la admiración de siempre por la madre patria, España, se mantenía viva, comenzó a deslumbrar el buen vivir de los americanos o los "gringos", como se les decía en un tono menos amigable pero más popular.

El *American way of life* empezó a conocerse a través de cuentos de los viajeros, lo que se leía en los periódicos, en las revistas como *Life* en español y en *Selecciones del Reader's Digest* pero, sobre todo, se veía en las películas de Hollywood, las series y la publicidad en la recién estrenada televisión.

Además, el confort de los americanos lo podían constatar quienes vivían cerca de los campos petroleros venezolanos donde recién se habían construido zonas residenciales. Allí, las casas eran sólidas, frescas, con grama alrededor como en los suburbios de las ciudades de Estados Unidos, tenían artefactos del hogar de buena calidad, automóviles último modelo, club con piscina, buen whisky. El sueño hecho realidad. Por si fuera poco, sus habitantes eran como los personajes de las películas: altos, catires, ojos azules. Los niños, de pelo amarillo y lacio, como muchísimos venezolanos querían tener el suyo, sobre todo, las mujeres. Los americanos eran admirados. Más cuando en las películas de Hollywood los mostraban siempre triunfantes, tanto en los negocios como en las guerras y el amor; las mujeres, como Marilyn Monroe y Jayne Mansfield, eran lindas, todas unas divas divinas, y los galanes, como Clark Gable y Rock Hudson, buenosmozos, seductores. El mundo ideal.

The American way of life también se veía en las comiquitas o suplementos encartados en los periódicos nacionales los domingos. Así era la vida de *Pepita y Lorenzo Parachoques*; *Pomponio y Monona*; *Archie y sus amigos* y la de la familia de *Daniel, el Travieso*. Hasta la del *Pato Donald* y el *Ratón Mickey*, animales pero que vivían en casas con jardín, distantes de sus vecinos, estacionamiento privado, tenían cortadora de césped, automóvil, jugaban golf. Así querían vivir muchas familias venezolanas y de *Cerro Grande*, a pesar de los apartamentos agradables, cómodos y modernos que tenían.

Nuestras mamás también querían tener una tostadora de pan y una nevera de 12 pies –que no sabíamos cuántos centímetros eran– como la de Pepita, de donde Lorenzo Parachoques sacaba los fiambres y vegetales para preparar sus monumentales sándwiches y comérselos mientras veía otro aparato que también muchos de nuestros vecinos deseaban tener: un televisor.

Papá se parecía a Lorenzo Parachoques por aquello del trabajo en una oficina y la preocupación constante por el aumento de sueldo, pero a diferencia de este, tenía la ilusión semanal de amanecer millonario el lunes de cualquier semana. Por eso, los domingos por la mañana no iba a jugar golf como Lorenzo, Pomponio o los papás de Archie y sus amigos. El nuestro, más soñador, se iba al sellado del 5 y 6, y por la tarde dominical esperaba, bajo intensa emoción, que cada caballo ganador lo acercara a la súbita riqueza. Eternamente, sus lunes fueron decepcionantes. Mamá era ama de casa como Pepita, pero no igual, porque no iba con frecuencia de compras a tiendas y tenía una muchacha que hacía todo lo que fueran labores domésticas. Algo exótico y envidiable si Pepita lo supiera.

Parte del *American way of life* se expresaba en Caracas en el auge de las fuentes de soda, como donde se la pasaban Archie y sus amigos tomando malteadas, pero como nosotros somos tropicales y tenemos muchas frutas, se tomaban merengadas o batidos del sabor que se quisiera. Papá y mamá, además de la heladería *La Estrella*, en los sótanos del Centro Simón Bolívar, nos llevaban al *Trolly*, en Las Mercedes, una fuente de soda al estilo americano. Allí prestaban servicio *drive-in* para que comieras allí mismito, sentado en tu carro. Te colocaban una bandeja que enganchaban a las ventanas y te servían los perros calientes, las hamburguesas y algo exótico: nuestras clásicas arepas, pero fritas y con tocineta en el tope, y entonces, así, se llamaban tostadas, más la *Coca-Cola* o la merengada que quisieras. El *club-house* era otro clásico en las fuentes de soda, templos de comida al estilo americano y, por supuesto, los helados tipo *Sundae* o *Banana Split*.

Otros establecimientos que expresaba la modernidad americana en Caracas y algunas pocas ciudades del interior venezolano fueron los autocines, por supuesto, solo para quienes tenían automóvil. Allí se llegaba en el vehículo, se pagaba una entrada, te ponían una corneta con un sonido infame colgando de una de las ventanas y se suponía que lo siguiente era ver la película recién llegada de Hollywood, pero pocos lo hacían. La gente se ponía a hablar o hacer cosas con quien le acompañaba en el carro, a comer perros calientes, hamburguesas o lo que pidieran al estilo *drive-in* de las fuentes de soda, y eso era un fastidio porque el mesonero estaba pasando por aquí y por allá, aunque agachándose un poquito delante de los carros para no taparte la película.

El autocine *Los Chaguaramos* fue el primero que se instaló en Caracas y en Suramérica, casi comenzando los cincuenta, y a pesar de estar cercano a El Valle, papá y mamá nunca fueron porque ellos no eran de salir de noche. Nosotros, por supuesto, nunca fuimos.

LOS SÁNDWICHES

Como parte del conjunto urbanístico original, *Cerro Grande* tenía una construcción que bien podría ser considerada el primer centro comercial de Caracas. Bermúdez, el arquitecto, incluyó, a un lado del superbloque una edificación de dos pisos que se extendía hacia la Calle Real y que concentraba los servicios de supermercado, panadería, pastelería, quincalla, librería, barbería, farmacia, peluquería y banco, quizás otros que no recuerdo. Todos los servicios en un mismo lugar. Algo poco visto en la Caracas de mediados de siglo XX.

Los portugueses que regentaban el supermercado con carnicería, pescadería, frutería, panadería y víveres, hablaban poco español, pero entendían perfectamente cuando pedíamos el medio kilo de verduras, el cuarto kilo de lagarto o un bolívar de pan de a locha, ocho panes, suficiente para una familia como la nuestra de dos adultos y, ahora, cuatro niños.

En la panadería tenían una tostadora de pan donde calentaban los sándwiches rellenos de queso amarillo holandés auténtico y sabía a gloria comer aquel queso derretido que se le pegaba a uno por los labios, la barbilla, la servilleta y la camisa. A mamá le pedíamos que nos hiciera sándwiches como los de la panadería pero como no teníamos tostadora, ella cubría con un paño de cocina el pan relleno de queso amarillo, importado, y lo presionaba con la plancha, la de planchar ropa. Era ingeniosa mamá. El sándwich salía tostadito, caliente, con el queso derretido como lo queríamos, aunque no igual a los de la panadería: el de casa olía y sabía un poco a tela recién planchada hasta que papá compró una tostadora y los sándwiches pasaron a ser tan buenos como los de la panadería.

LA GRAN COLOMBIA

En *Cerro Grande* nunca se construyó el preescolar que estaba en el proyecto inicial del conjunto. Tampoco había escuela pública cercana que fuese buena, según las mamás, por lo que a los niños del edificio nos mandaban a modestos colegios privados de los alrededores o a escuelas públicas lejanas, ya que a las de la zona asistían muchachos que, según algunas de nuestras mamás, podían ser "mala junta".

A mis hermanos y a mí nos inscribieron en la Escuela Anexa Gran Colombia, que quedaba un poco lejos de *Cerro Grande*, por el Prado de María, más allá de La Bandera, donde terminaba la carretera de El Valle. El transporte escolar nos recogía en la redoma lateral del edificio y de allí bajaba a la Calle Real, pasaba frente a la fábrica de chocolates *Savoy* – cuyo aroma invadía aquella camioneta durante un buen rato para deleite de todos– y continuaba por la estrecha carretera. En el medio de aquel camino destacaba una casa con un aviso de neón grande donde se leía: *Radio Caracas*. Desde allí transmitía la emisora que se oía en la cocina de nuestro apartamento y en el *Chevrolet* gris de papá, alternando con *Radio Rumbos* y *Radio Continente*.

Disponer de transporte escolar era cuestión no solo de comodidad de los padres y seguridad para nosotros, sino también una forma de entrenarnos socialmente. El transporte, como la escuela, era un espacio para hacer amigos y enemigos, y aprender a lidiar con ellos.

La Escuela Anexa Gran Colombia era un modelo de escuela pública: avanzada en propuestas pedagógicas y con instalaciones diseñadas con clara influencia de Carlos Raúl Villanueva, quien por esa época estaba terminando la sede de la Universidad Central de Venezuela, un conjunto de edificaciones que muchos años después sería declarado Patrimonio Cultural de la Humanidad por la Unesco.

La Gran Colombia era un campus escolar con edificios de dos pisos repartidos entre jardines de olorosos pinos y matas de cayenas para separar las calles que surcaban el recinto. Ese espacio albergaba cuatro dependencias: la Escuela Normal donde se formaban las maestras que darían clases de primaria en cualquier parte del país; la primaria o escuela anexa donde las aprendices practicaban al lado de excelentes maestras, las dependencias administrativas y el kínder.

Las aulas del kínder se integraban a los jardines laterales a través de grandes ventanales. El salón de juegos y ensayos musicales era mucho más grande que los otros salones de clases, redondo, con el techo cónico, semejante a una churuata, y en la punta, una veleta, con su respectivo gallo, para indicar los puntos cardinales o desde dónde soplaban los vientos.

Cerca del kínder y de una parte de las edificaciones de la primaria, llegaban las laderas del cerro, el mismo que venía desde atrás de *Cerro Grande* y que con los años poblarían en forma desmedida hasta los terrenos de la escuela, invadiendo el antiguo campus y deteriorando aquellas maravillosas instalaciones.

A los varones de las escuelas públicas nos uniformaban con un guardapolvo, una bata blanca como la de los médicos o los chicheros, que cubría la camisa y hasta medio muslo. Las mamás se afanaban para que estuviera siempre impecable con la ayuda de *Único*, *Ace* o *Lavasol*, los detergentes más usados, y el almidón *Plancholín*. Las niñas llevaban de uniforme un vestido blanco, tipo *jumper* con tirantes, y blusa blanca. Parecían palomas o aprendices de enfermeras. Esos uniformes debían estar pulcros, almidonados, rígidos, como los preceptos educativos de la época, aunque en la Gran Colombia menos que en otras escuelas. De cualquier manera, el blanco era excelente para evaluar, junto a los zapatos de cuero negro y las uñas de las manos, la higiene y presentación personal que se reflejaría en la boleta escolar.

A la escuela se entraba a las ocho de la mañana y a las once regresábamos a casa para almorzar. Las mamás, las abuelas o "el servicio" estaban en casa para atendernos al mediodía. Luego, para la escuela de nuevo, de dos a cuatro de la tarde. Esto de lunes a viernes. Los sábados asistíamos solo en la mañana.

A la salida de la escuela estaban los heladeros y los kioscos donde se podía comprar, igual que en la cantina durante el receso, una *Pepsi*, una *Coca-Cola* o una chicha *A1*, que había que tomar a pico de botella porque aquel líquido no pasaba por el pitillo debido al espesor. Si no había chicha, lo que más me gustaba era *Green Spot*, un refresco con sabor a naranja, que también venía en una botella de boca ancha, pero este sí se podía tomar con pitillo porque era aguadito. Otra opción era el *Orange Crush*, también una bebida anaranjada pero en botella marrón, delgada, de vidrio corrugado como una charrasca, aunque estaba prohibido usarla en las parrandas navideñas porque, con tanta rascadera, el vidrio se podía astillar y era un peligro para los ojos. Esos refrescos servían para acompañar las "tunjitas", unos panes dulces pequeños, bañados de azúcar, que los vendedores ofrecían en unas cestas cubiertas con una tela blanca para protegerlos del sol y de las moscas.

MODERNIDAD SIN FRENOS

Desde el balcón de *Cerro Grande* nos distraíamos viendo el trajinar de los peatones, automóviles y autobuses en la Calle Real y, más al fondo, el de los militares entrenando diariamente en los alrededores de la Escuela Militar, el izamiento o arrío de la bandera y el cambio de guardia a las seis de la tarde, que no sería un espectáculo como el del Palacio de Buckingham pero era llamativo y emocionante por el redoblar de los tambores, la languidez de la diana y la correcta formación de los cadetes. "¡De frente, maarch! Un, dos, un, dos", oíamos a lo lejos.

Pero lo que más nos distrajo durante años fue la transformación del paisaje frente al edificio. Aquello era un movimiento constante de tierra: camiones, tractores, mezcladoras y obreros entre la Calle Real y la Escuela Militar. La autopista Valle-Coche recién la habían inaugurado y por allí, como en toda autopista, solo circulaban automóviles y a mucha velocidad. Por eso, algunos domingos la convertían en autódromo y los balcones de *Cerro Grande* en gradas privilegiadas. Desde allí vimos muchos *Maserati*, *Ferrari* y *Porsche*, algunos conducidos por pilotos internacionales como Juan Manuel Fangio, un argentino campeón mundial de la *Fórmula 1* que siempre era la estrella en estas competencias locales. También aparecían en esas pistas figuras de la radio y la televisión local, como Renny Ottolina y Musiú Lacavalerie, transformados en pilotos de alta competencia. En ocasiones hubo choques espectaculares en esas carreras y ver desde nuestra propia casa estallar en fuego los carros de verdad, verdad con un piloto adentro era dramático y emocionante. Uno se asustaba mucho.

SE VA EL CAIMÁN

Por la autopista Valle-Coche ahora se llegaba más rápido al trabajo, a la escuela, a la casa y también a la Panamericana, otra carretera recién construida por donde se iba hacia el centro del país, los Llanos, los Andes y hasta Colombia, que era muy lejos.

Colombia tenía fama por los robos en las calles y la buena educación en los colegios religiosos; por ello las familias venezolanas con ingresos medios aspiraban a internar a los hijos e hijas en esos colegios y los más accesibles eran los más cercanos a la frontera, ubicados en Pamplona o en Bucaramanga. Cúcuta no, por lo calurosa y fea. Mamá también opinaba que los colegios en Pamplona eran muy buenos y, advertía, que si nos portábamos mal o no salíamos bien en los exámenes nos mandarían para allá, internos, con los curas, como a otros niños. Pero nosotros pensábamos que era mejor ir a Colombia como decía Víctor Pérez cuando cantaba por la radio:

Se va el caimán, se va el caimán, se va para Barranquilla…

Y mamá añadía:

Comiendo pan, comiendo pan, y arepa con mantequilla…

A papá le gustaba mucho esa canción y por eso creíamos que no cumplirían la amenaza de dejarnos internos en Colombia.

El año en el que los tres hermanos salimos bien en los exámenes y nos dio hepatitis, el médico recomendó temperar en un clima frío para una pronta recuperación. Entonces, nos llevaron a Pamplona, una pequeña ciudad como a tres horas de la frontera, adonde se llegaba por una carretera empinadísima por donde al *Chevrolet* gris de papá le costaba subir. Esa ciudad era ideal para pasarla bien por la temperatura, el paisaje, la comida, la amabilidad de la gente, la buena educación en las calles y en los colegios. Además, el viaje nos salía económico por el cambio de moneda. Allá nos llevaron pero no a dejarnos internos sino de vacaciones y, de paso, mamá fue a buscar una "señora de servicio" que la ayudara en las labores de la casa.

En nuestro apartamento de *Cerro Grande*, las muchachas o señoras que se encargaban de la limpieza, la cocina y de cuidarnos, siempre eran andinas, como nosotros. Hasta Rosa, —la que moqueaba, vivía en el cerro detrás del edificio y desapareció—, había venido con su familia de Boconó, el jardín de Venezuela, por los lados de Trujillo. "Las andinas cocinan bien, son honestas y hacendosas", afirmaba una tía que tenía mucha experiencia con ese personal porque con frecuencia se le iba la muchacha que trabajaba para ella y tenía que buscar otra. Pero comenzando la década de los sesenta, muchas señoras empezaron a decir que las colombianas eran más trabajadoras. En Caracas había agencias de empleo que las traían desde el país vecino y las ofrecían en avisos clasificados en el periódico, pero mamá dijo que mejor una sin "resabios" y en el viaje a Pamplona se dedicó a buscar una "mujer de servicio".

En el hotel donde nos hospedamos, encontramos a otras familias venezolanas en la misma búsqueda y las mamás se reunían en el comedor al final del día para conversar sobre las que habían visto y qué les parecían, como si hablaran de algo que iban a comprar. Con nosotros se vino a Caracas una joven que era como se esperaba: abocada al trabajo, atenta, respetuosa, honesta y, por si fuera poco, afectuosa, como una santa; aunque cuando volvió de unas vacaciones en su pueblo vino embarazada y mamá le dijo que mejor regresara a su casa. Sin embargo, por ella y por su cariñosa familia, fuimos varias veces a visitarla a un pueblo más allá de Pamplona de donde siempre regresamos llenos de afecto y con experiencias vacacionales inolvidables.

El viaje a Colombia por la Panamericana, atravesando media Venezuela, se nos hacía muy largo no solo por la distancia sino porque el *Chevrolet* gris de papá, al principio, y luego su *Ford* beige, se recalentaba con frecuencia o se le salían unas correas, o pasaba por encima de una caja y él decía que había atropellado a un león de los Andes, o se le rompía el radiador y había que arreglarlo. A eso se agregaban las paradas para visitar a familiares que vivían en diferentes lugares a lo largo del trayecto. Demorábamos como una semana de Caracas a la frontera con Colombia y eso que transitábamos por carreteras asfaltadas, en muy buenas condiciones, al menos en la parte venezolana.

Para amenizar el viaje, papá sintonizaba programas de música criolla que parecía lo único que transmitía la radio reflejando los marcados sentimientos nacionalistas de la época. *Concierto en la llanura*, interpretado al arpa por su autor, Juan Vicente Torrealba, era como el himno de los viajes pero siendo instrumental ninguno de nosotros podía cantarla. No teníamos pauta. Distinto era cuando se oía la voz de Mario Suárez acompañado con el arpa, cuatro y maracas de *Los Torrealberos*:

> *Recuerda mujer querida, mujer querida / que me juraste tu amor / y que te faltó valor, faltó valor / para ser mi consentida. / Hoy recuerdo aquellos besos, aquellos besos / que nos dimos junto al mar, y nunca podré olvidar / aquella noche de gran derroche / entre las olas y el cocotal / bajo las luces de las estrellas / eras tan bella y tan sensual. / Y aquella boca que fue tan loca / y a la que nunca podré olvidar ar, ar, ar, ar...*

Esa sí la coreábamos los tres hermanos llevando la voz cantante el segundo, que era el más afinado. Papá y mamá estaban muy orgullosos porque él se sabía muchas canciones criollas, menos las que cantaba Magdalena Sánchez, la reina del cantar venezolano, que no faltaba en esos viajes con su:

Lloraré cuando recuerde / que te vi reverdecer. / Adiós, caminito verde; adiós, caminito verde, / me voy para no volver...

o una de Adilia Castillo, la novia del llano:

Yo quiero luz de luna / para mi noche triste, / para pensar divino / la ilusión que me trajiste. / Para sentirte mío, / mío tú, como ninguno. / Pues desde que te fuiste no he tenido luz de luna...

Esas no las cantábamos porque eran voces femeninas, pero nos amenizaban buena parte del camino.

Al volver a Caracas seguíamos como en Colombia, porque Billo no se iba con su música a otra parte, sino que allí, en las salas de los apartamentos de *Cerro Grande*, en toda Caracas y en toda Venezuela, nos hacía sentir el sabor de la costa colombiana con su variedad de ritmos que, por tanto escucharlos, parecían nuestros. Cheo García cantaba:

Este merecumbé que bonito está / pa' bailarlo bien apretao, con Lolita acaramelao (...) Vamos, mi negra, pronto a merecumbeá...

o más pausado, esta otra:

Este porrito suave cantaré / a la mujer más linda que amo yo...

o invitando al meneo de caderas y a arrastrar el paso pa'lante y pa'trás con una cumbia:

En la playa blanca / de arena caliente / hay rumor de cumbia / y olor de aguardiente...

Pero al vallenato Billo no le entró.

LOS CADETES

Más allá de la nueva autopista de El Valle y de la Escuela Militar construyeron unas avenidas por donde no pasaban carros, ni caminaba gente del común, solo transitaban convoyes militares, tanques y baterías antiaéreas. El paseo de Los Próceres, a pesar de lo cerca de *Cerro Grande*, nos era inaccesible. Allí solo fuimos a ver los desfiles militares y también de los obreros, empleados públicos, maestros y hasta escolares obligados a marchar para rendirle honor al dictador y su corte durante la Semana de la Patria, la del 5 de julio, Día de la Independencia. Afortunadamente, como una continuidad de Los Próceres, construyeron el paseo Los Ilustres donde sí se podía ir a caminar, llevar bicicletas y patines, pero allí nosotros fuimos pocas veces porque para eso teníamos la planta baja de *Cerro Grande*.

Los cadetes de la Escuela Militar que ya estaban de graduación, cuando terminaban los desfiles o los fines de semana que tenían salida, se acercaban al edificio y las muchachas no solo suspiraban, sino que se vestían, se peinaban y salían a coquetearles con la mirada y el caminar. Querían ser novias de militar, esposas de militar. Estar cerca del poder.

Emilita Dago, cantante de Los Melódicos, encarnaba ese deseo femenino casi colectivo por aquel entonces, en una canción:

> *Mamá, me da pena mi problema confesar / quisiera ser la novia de un cadete de la Escuela Militar. / No soy tan exigente que pretenda un general, / igual me da un teniente, subteniente o capitán (…) Cómo me gusta, cómo me gusta, muchachos, una cachucha…*

Para lograr esa aspiración les ayudaría ser madrinas de equipos deportivos o, en el mejor de los casos, reinas de carnaval. Ese era un buen aval para captar ojos militares. "A ellos les gusta ostentar, lucir preseas, medallas", decía una de mis tías, intelectual de izquierda, y agregaba: "Las mujeres bonitas siempre han sido buen trofeo".

A mediados del siglo XX, en Venezuela, mucha gente quería tener una reina y un militar en la familia, o por lo menos entre las amistades. Aspiración que se ha mantenido por décadas.

LA GRAN FIESTA

En los cincuenta, en tiempos de dictadura, la gran fiesta popular del carnaval fue repotenciada. El nuevo país, el modernismo, la tecnología, mucho dinero. Había que celebrar y a la dictadura le venía como anillo al dedo jugar a los disfraces. La gran fiesta de la época siempre fue en Caracas. En el Ávila, para más señas, pero no en el cerro que corona la ciudad, sino en el elegante hotel mandado a construir por Rockefeller en San Bernardino, cerquita del cerro. "En el Ávila es la cosa", decía el eslogan, y la gente que podía pagarlo se iba para allá a bailar con grandes orquestas nacionales y extranjeras, que eran la gran atracción.

Las mujeres se disfrazaban, los hombres no tanto. Algunas se usaban máscaras de "negritas", para ser lo pícaras y desenvueltas que dando la cara, no se les permitía. "¿A que no me conoces?" era la frase que acompañaba al tongoneo de las caderas para provocar al parejo mientras bailaban al ritmo de la orquesta de Chucho Sanoja, quien con fuertes influencias de la costa colombiana, Panamá y, por supuesto, de Cuba y la República Dominicana, animaba la fiesta. Uno de los cantantes, Chico "Sensación" Salas, interpretaba *Lamento Náufrago*, un hit al final de la década de los cincuenta:

> *Sobre la arena mojada, / bajo el viejo muelle / la besé con honda pasióóón / porque era un amor perdido, / perdido en la playa, / perdido en la bruma del maaar. / Viejo muelle de mi puerto, / triste atracadero / de pasiones náufragas del maaar, / sé que cerca a tus pilotes aún están anclados / los recuerdos de aquel amooor...*

Esa canción, quizás por ser un poco triste, se bailaba arrastrando los pies suavemente, moviendo poco las caderas. Pero como las fiestas tenían que ser alegres, después de esa interpretaba aquella de ritmo "apambichao" que decía:

> *Me voy para la cumbiamba / a tocar el acordeón. / Me*
> *voy para la cumbiamba / a tocar el acordeón, /*
> *a ver si encuentro quien pueda / quitarme la picazón. /*
> *A ver si encuentro quien pueda / quitarme la comezón.*

Y entonces la fiesta sí se prendía porque ese ritmo era jacarandoso.

Más elegantes, pero menos animadas, eran las celebraciones del carnaval en el hotel estrella en los cincuenta y unos cuantos quinquenios más: el Tamanaco, otra de las joyas arquitectónicas de la modernidad de Caracas, situado en una colina de Las Mercedes. Ese hotel era el alojamiento por excelencia de ejecutivos y turistas, sobre todo de los gringos. Grandes espectáculos se realizaban en su salón Naiguatá y fue la sede del concurso de belleza *Miss Venezuela* durante los años cincuenta.

Otra obra maravillosa del modernismo en la ciudad fue el teleférico del Ávila, que subiendo por esa montaña nos acercaba al cielo estando vivos. Al teleférico nos llevaba una de las tías algunos domingos, vestidos como que si fuéramos para Mérida o Pamplona, por lo del frío, pero quedaba cerquita de Caracas. Allá comíamos manzanas acarameladas para pasar el susto de estar montados en aquellos carritos que se elevaban como hacia el cielo balanceándose sobre un bosque. Mamá no iba porque le daba vértigo tanta altura.

Por el teleférico también se llegaba a la estrella de la modernidad caraqueña, el imponente hotel Humboldt, en la cúspide del Ávila. Como allá arriba hacía tanto frío, en ese hotel las fiestas eran pocas y cuando las había se justificaban las estolas en las damas y hasta capas en los caballeros, pero en carnaval no había fiestas allá arriba; la guachafita era más abajo, al pie del Ávila.

La diversión de la muchachera en carnaval era el día de la coronación de la reina de la escuela, por las mañanas y, a veces, el concurso del mejor disfraz. Ese desfile era un despliegue de habilidades, creatividad y recursos de los disfraces hechos en casa, por la mamá, la tía, la abuela que sabían coser o lo encargaban a la modista de la familia. Aunque también, claro, aparecían los disfraces hechos en serie, comprados en las tiendas. Pero fuera como fuese, las mamás iban orgullosas de sus crías disfrazadas.

Por las tardes, la fiesta era con los desfiles de carrozas por las avenidas Sucre, Urdaneta y Andrés Bello o en Los Próceres, todas símbolos del progreso de la capital. En las carrozas venían las reinas de las parroquias y de algunas instituciones públicas y privadas. Era un largo y vistoso paso de representaciones fantásticas, como se veían en la televisión, en las películas o en los sueños.

En uno de los desfiles de mitad de los cincuenta, una de las carrozas más imponentes, con un gran globo terráqueo en lo alto, quedó grabada en la memoria colectiva de la época. Se desplazaba lenta, lentamente, como se desliza toda carroza y más si traslada a una reina mundial. Sobre el polo norte de aquel globo, brillando como una estrella, se erguía una figura femenina, bella, bellísima, con un largo vestido blanco como las diosas del Olimpo, pero por morena no podía ser griega, solo reina de fantasía tropical, como mis vecinas. Era la primera *Miss Venezuela* que reinaba en el mundo. Creíamos haber alcanzado el cenit.

"¡Aquí es, aquí es!", gritábamos niños y adultos parados en las aceras, bolsa en mano, como en una gran piñata, y una lluvia de caramelos y jugueticos caía sobre nuestras cabezas, haciéndonos saber que sí, que aquí era el país del Nuevo Ideal Nacional, el de la eterna primavera, el de la quimera, del petróleo y el dinero, el de la apuesta al futuro, el del general y sus militares, el de los esbirros de la Seguridad Nacional; el país donde los niños son felices y gozan más, como decía la canción de *Bambilandia*, pero donde muchos teníamos padres, tíos o vecinos, perseguidos por la policía y no por ser ladrones ni asesinos, sino porque sus ideales eran distintos al Nuevo Ideal Nacional.

Los vecinos de *Cerro Grande* no se quedaban atrás en la celebración del carnaval. Las campañas electorales de las candidatas de cada piso que aspiraban coronarse reina del edificio nos entrenaron para las campañas que después, ya en tiempos de democracia, se harían para elegir al presidente del país y otras autoridades. En el piso 4 desfilaban las candidatas, un jurado seleccionaba a la ganadora, la coronaban y ¡a bailar se ha dicho!

La reina de *Cerro Grande* no desfilaba en la calle, no era necesario; ya tenía suficientes aplausos y súbditos por los pasillos.

MÁS REINAS

La vecina del 12-35 fue madrina del equipo de bolas criollas de su piso y soñaba con ser reina de la parroquia, pero no lo logró; otro año intentó coronarse participando en el reinado de la parroquia donde su familia vivía antes, pero tampoco. Y eso que los ojazos verdes y la altura de esa vecina la hacían muy atractiva, pero decían que le faltaba algo que llamaban *sex appeal*. La vecina del 12-28 también fue madrina de un equipo pero de beisbol y de mayor jerarquía, el de la Escuela Militar, y quizás eso la ayudó a que, sin llegar a reina, se casara con un subteniente. Se veía linda cuando salió de *Cerro Grande* para la iglesia con un traje blanco muy estrecho para lucir la cintura bien fajada y unos zapatos altísimos que no tenían tacón sino una base que salía de la planta y se alargaba hasta la mitad de pie, de plataforma los llamaban. Era un diseño moderno, aerodinámico, que la hacía caminar lento, como las reinas de verdad. Al llegar a la iglesia pasó bajo un reluciente túnel de sables cruzados de los compañeros de tropa del futuro marido. Ese momento lo asocié siempre, cuando años después, oí a Palito Ortega cantar:

> *Blanca y radiante va la novia / le sigue atrás un novio amante...*

Mi hermana, la que nació recién mudados nosotros a *Cerro Grande* y trajo de nuevo la alegría a la familia, fue damita de honor de esa boda y así inició su estela de cortejos en las bodas de la familia y posteriores reinados de carnaval en el kínder. Siempre ha sido bonita mi hermana. La primera capa que usó como reina fue de terciopelo verde botella; otro año llevó una azul rey. Además, fue reina nacionalista, vestida de llanera, con falda ancha de flores y blusa con faralaos, como las de Magdalena

Sánchez, la que cantaba joropos y nos amenizaba los viajes hacia Colombia. En esa ocasión, mamá le bordó las alpargatas con flores de sedalina y lentejuelas para que parecieran de reina y no de una "pata en el suelo".

El más pequeño de mis hermanos, que una vez fue escogido como príncipe consorte de la reina del kínder, vistió más clásico: llevaba capa de seda roja, boina con pluma blanca, una espada dorada y zapatos de charol. En ese carnaval, al otro hermano, el más peleón, lo vistieron de vaquero y a mí me disfrazaron de saltibanqui porque me gustaba bailar, como a papá.

Venezuela, durante la Colonia no fue virreinato, pero en la modernidad del siglo XX manifestaba unas veleidades por las reinas que deben venir de la Colonia. Al comienzo de los cincuenta, lo de *misses* y concursos internacionales de belleza era cuestión de pocas, de muchachas con dinero, con "clase", todo un poco frío, sin mucho sabor. En ese entonces, lo que daba notoriedad a las muchachas y prestigio a su familia era ser reina de Carnaval.

A la reina de Carnaval de Caracas la coronaba el presidente de la república, en el Círculo Militar, otra instalación recién construida, diseñada por arquitectos venezolanos con participación de alemanes que además de exquisitos, sabían de instalaciones militares. Las fiestas de coronación de la reina solían ser en el salón Venezuela, el más pomposo de aquel recinto. Luego de entregarle el cetro y colocarle la corona, el mandatario inauguraba el baile con la reina al compás de *Conticinio* –El Danubio Azul venezolano–, que también bailaban las quinceañeras en su presentación en sociedad. Ese vals fue compuesto por Laudelino Mejías, un trujillano pariente de mi abuelo paterno. En la familia estábamos orgullosos de los ancestros y de las reinas que teníamos, pero no del presidente, el dictador, aunque fuera andino y bailara vals.

¡QUE VIVA ESPAÑA!

Las orquestas nacionales de la época, además de guarachas, merecumbés, cumbias y merengues, interpretaban piezas menos jacarandosas como el pasodoble, el ritmo de la madre patria. Billo compuso muchos pasodobles. Uno de ellos, titulado *¡Que viva España!* lo interpretaba Memo Morales y dice así:

> *Solo Dios pudo hacer tanta belleza / que es imposible puedan haber dos / y todo el mundo sabe que es verdad / y lloran cuando tienen que marchaaar. / Por eso siempre escucharááán / ¡Que viiiva España! / Y siempre la recordarááán. / ¡Que viiiva España! / La gente canta con ardor: / ¡Que viiiva España! / La vida tiene otro sabor / España es la mejooorrr...*

Y esa letra resultaba una paradoja cuando miles de españoles emigraban de su tierra, gobernada en ese entonces por el dictador Francisco Franco, para venirse a América del Sur, como lo habían hecho –aunque por otras razones– miles de ellos casi cuatrocientos años antes.

Los españoles que llegaron a mediados de siglo XX a Caracas se volvieron a concentrar en La Candelaria, zona que habían hecho suya los canarios y otros españoles desde los tiempos de la Colonia. Por los alrededores de la plaza de esa parroquia las tascas con los jamones serranos colgando, las tortillas, chistorras, boquerones, paellas y vinos, más los churros en la calle, nos hacían sentir en la madre patria.

Las modistas españolas empezaron a ser más apreciadas que las abuelas, las tías o las mamás que cosían en casa. Los carteles en las ventanas y balcones de La Candelaria, anunciando "se corta y se cose", "se hacen ruedos" y algo como mágico, "zurcido invisible", eran garantía de buen trabajo.

Sin embargo, para los vestidos de mi hermana, la que trajo de nuevo la alegría a la familia, mamá prefirió una modista portuguesa que le recomendaron. La señora, además de conserje de un edificio por los lados de Chacaíto, bordaba en punto de cruz y hacía unos hermosos "nido de abejas" en la parte superior de los pequeños vestidos. Como si fuera poco, ella encargaba a sus amistades portuguesas que le trajeran de Madeira las telas y encajes que mamá le compraba para los trajes de la niña.

En las funciones de intermedio y noche del cine *Hollywood* – que a pesar de su nombre proyectaba solo películas españolas– los señores y señoras suspiraban nostálgicamente ante melodramas musicales como *El último cuplé* o *La violetera*, interpretados por Sarita Montiel, a quien también presentaban en *El Show de las Doce*, así como a Pedrito Rico, Maribel Llorens y otros intérpretes españoles y bailadores de flamenco. En las funciones vespertinas del *Hollywood*, las películas seguían siendo musicales pero protagonizadas por niños para llegar directamente al corazón del joven público. Allí nos conmovieron Pablito Calvo en *Marcelino, pan y vino*; Marisol, en *Ha llegado un ángel*, pero las de Pili y Mili, como *Dos gemelas estupendas* eran más frescas aunque también una muestra de la cursilería española de las que el franquismo se ufanaba.

A mí esas películas me parecían tan gafas como *Gaby, Fofó y Miliki*, un trío de payasos españoles o argentinos –nunca supimos su origen–, que presentaban todas las mañanas en la televisión y cantaban:

> *Hola, don Pepito. / Hola, don José. / ¿Pasó usted
> ya por casa?/ Por su casa yo pasé...*

y dizque hacían payasadas pero eran tontos de capirote.

La fiesta taurina, otra tradición de la madre patria, despertaba pasión en los sectores pudientes de la ciudad y por ello una familia que criaba toros de lidia en su hacienda adquirió el Nuevo Circo, el coso donde les clavaban la espada, y así el negocio se le hizo redondo. En ese ruedo fue donde César, Curro y Efraín, los jóvenes maracayeros de la familia Girón, cortaron varios rabos y orejas, convirtiéndose en ídolos nacionales admirados en los países donde rendían culto a la fiesta brava, inclusive en España.

En la década de los cincuenta la cultura de la madre patria se sentía mucho en el país. Las migraciones de la postguerra española y las relaciones entre los dos dictadores ayudaban a eso. No en vano, cuando Pérez Jiménez dejó el gobierno y huyó, se refugió en España, al regazo de Franco.

LOS MUSIÚES

Escapando de la pobreza que había sembrado la Segunda Guerra Mundial al otro lado del océano, junto a los nuevos españoles llegaron a Venezuela miles de italianos y portugueses, entre otros europeos y de otros continentes. Los atraía la política de "puertas abiertas" que el gobierno de Pérez Jiménez impulsó desde el principio de su régimen. Esa migración se sumó a la que había empezado a llegar en la década anterior. Aquellos hombres y mujeres salidos de los campos de Córcega, Nápoles, Galicia, las islas Canarias, Umbría o Madeira, heridos en su memoria y en el estómago por la guerra, atravesaron el Atlántico para desembarcar en el puerto de La Guaira, donde una gran montaña verde se posa sobre la playa. Allí los deslumbraba un país rico, con luz perpetua, eterno clima primaveral, tierra fértil y gente amable, alegre. Ideal para sembrar deseos. Era como haber llegado al Paraíso.

Venezuela, a mediados del siglo xx, era quimera de propios y ajenos; un país por hacer, con la riqueza a ras de suelo y grandes posibilidades de progresar. Lo del régimen militar y las libertades políticas cercenadas era problema de los nacionales.

Los nuevos extranjeros, los "musiúes", se dispersaron por el país, pero la mayoría se asentó en Caracas. Los nativos de Europa Oriental y los árabes, básicamente, se ubicaron a la entrada de la ciudad, por Catia; los chinos, más osados, llegaron hasta el centro y allí se quedaron por mucho tiempo.

Los españoles poblaron parte del centro y, particularmente se asentaron en La Candelaria; los portugueses se expandieron por toda Caracas y sus alrededores, adueñándose de las panaderías, pero también de los abastos, futuros supermercados, y de todo lo que tuviera que ver con suministros de alimentos y agricultura. Muchos de los inmigrantes que venían de lejanos campos europeos se fueron a cultivar tierras cercanas y no tan cercanas a Caracas.

Los italianos, concentrados en Chacao, La Carlota y la avenida Victoria, empezaron a poner su sello perenne en las nuevas construcciones de la ciudad e hicieron suyas las barberías, sastrerías, zapaterías y gran parte de los restaurantes para el regocijo, de la cabeza a los pies, de los caraqueños.

Otros europeos occidentales, que vinieron en mejores condiciones económicas o que tenían en Venezuela el respaldo de sus coterráneos, se ubicaron en zonas de mayor nivel social, como San Bernardino, Los Palos Grandes, Altamira, El Rosal, urbanizaciones que ayudaron a construir.

Caracas se hizo cosmopolita, el nuevo país florecía.

Algunos de los musiúes recién llegados instituyeron el servicio a domicilio en la ciudad, iban de puerta en puerta atendiendo clientes. Marchantes, los llamaban. A *Cerro Grande* llegaba Guido con un maletín de cuero marrón, roído, donde cargaba los implementos para cortarnos el pelo, tipo "cepillo". La afeitadora era mecánica y cuando no estaba bien aceitada arrancaba el cabello de raíz y uno pegaba un grito que Guido entendía muy bien aunque casi no hablara español. Mamá, cuando recién lo conoció, dijo que era como "el barbero de Sevilla", pero él aclaraba que no, que él era de un pueblo cerca de Palermo, al sur de Italia.

Abraham, el árabe, visitaba el edificio también con una maleta cargada de cortes de tela que mamá compraba para llevarle a Pilar, la modista española que vivía por La Candelaria. Mamá se iba con la tela y el modelo que quería hacerse tomado de un figurín, unas revistas donde mostraban modelos e incluían patrones para el corte, ya fuera tipo sastre, pegados al cuerpo tipo tubo, o con falda ancha pero siempre a media pierna y regresaba a casa llena de optimismo.

José, otro italiano que daba su nombre en español, en vez de Giuseppe, llegaba con torres de cajas con zapatos para que mamá escogiera cuáles le irían con el vestido que le estaba haciendo Pilar.

Joao, el portugués flaco y alto, era el más esperado: venía todas las tardes en una moto con un depósito metálico anexo, como la de los soldados nazis que veíamos en las películas, y de allí sacaba una cesta cubierta por una manta blanca que cubría el pan humeante encargado por sus clientes en el edificio.

Inclusive, recién mudados a *Cerro Grande*, venía un lechero, no recuerdo de qué nacionalidad, ni su nombre, que dejaba dos botellas −no cartones, botellas− con la leche del día, en la puerta de la casa y cuando uno la abría temprano, la leche estaba allí como las encontraban Pepita, Mickey Mouse o el Pato Donald en las suyas de los suburbios de ciudades norteamericanas.

Todos los marchantes daban fiado y mamá les pagaba al fin de quincena cuando papá cobraba.

CLÍNICA DE MUÑECAS

Uno de los pocos servicios que no eran prestados a domicilio, pero que en nuestra casa era muy solicitado, era el arreglo de muñecas. Mi nueva hermana tenía muchas, casi todas traídas de España. Eran de pasta; con ojos de vidrio, marrones o azules; el pelo con bucles castaños o amarillos; dientes plásticos, muy blancos y lenguas de fieltro rojo. Movían brazos y piernas y ya empezaban a salir las que caminaban y hasta hablaban. Mecanismos complejos que requerían de hábiles manos cuando se dañaban. Entonces, mamá las llevaba —y a nosotros con ella— a *Vicky, clínica de muñecas*, atendida por su propia dueña, la señora Vicky —de Victoria—, llegada con esas lúdicas habilidades, por supuesto, desde España.

Entrar a esa clínica era como hacerlo a un castillo de juguetes, aunque solo hubiese muchas muñecas. A mí me parecía que eran niñas embrujadas. Todas mirándonos fijamente y con unas sonrisas congeladas. Sus peinados eran como los de la señora Vicky que seguramente dormía con el cabello recogido en rollos de plástico cubiertos por una malla y, al amanecer, tenía un hermoso pelo crespo. Las muñecas se veían como ella, pero no necesitaban que les pusieran rollos de noche. Ellas no se despeinaban a pesar de que mientras la "doctora" dormía, se levantaban de los estantes a jugar y bailar rondas. Yo le decía a mamá que las oía en mi habitación de *Cerro Grande* pero ella no me creía.

La señora Vicky, que se sepa, ha sido la única en prestar tan lúdicos servicios hospitalarios en la historia del país. Ya a mitad de los años sesenta no volvimos a saber de ella. Posiblemente murió, dejando huérfanas a las muñecas que por años siguieron bailando rondas nocturnas. Yo las oí por mucho tiempo aunque mamá nunca me creyera.

DE ESPANTO Y BRINCO

A *Cerro Grande* también empezaron a llegar otros visitantes que nadie conocía y se quedaban muy poco tiempo. Iban a suicidarse. Quienes querían hacerlo se enteraron de que había un superbloque en la ciudad y se olvidaron de los puentes, de las vigas, las venas abiertas o ingerir raticida. Suicidarse en la propia casa ensuciaba mucho si la forma era sangrienta o fea —dicen que los que se envenenan o se ahorcan quedan con un fuerte, desagradable, rictus— y los puentes serían muy románticos, pero ahora había una forma más segura y simple para matarse: lanzarse de un piso 8, 10 o 12 y estrellarse a toda velocidad contra el pavimento durísimo. Inclusive hubo uno que se lanzó del piso 6 y fue suficiente: murió al instante. Hablo en masculino, porque eran hombres todos los suicidas que vimos allí, las mujeres continuaban prefiriendo el ámbito doméstico, la casa, para acabar con su vida. Por aquella época, hasta para suicidarse, ellas debían ser del hogar.

Cerro Grande era ideal para suicidarse porque el interesado tomaba el ascensor como cualquier visitante, se bajaba en uno de pisos altos donde los pasillos tenían un antepecho en el que se podían subir sin mucho esfuerzo y del otro lado, el vacío. Algunos vecinos contaban que estando en su habitación vistiéndose o tranquilos en su cama, de día, y ¡suaz!, pasaba un cuerpo frente a su ventana. Esa imagen era fuerte, dura de borrar. Como nosotros vivíamos en el último piso nunca vimos una escena como esa.

Sin embargo, a mí no se me olvida un mediodía que caminando por la planta baja hacia el segundo módulo de ascensores, entre los dos hornos incineradores, no de cuerpos, sino de la basura del edificio, me resbalé al pisar algo. No me caí porque me agarré de mi hermano, el segundo, que regresaba conmigo de la escuela. Debajo de mi zapato tenía un pedazo de carne fresca y cerca estaba el cuerpo de un hombre recién caído, perfectamente visible para nosotros porque todavía la gente no se había arremolinado. En la cabeza "espatillada" se le veía pelo gris y de esa gran herida, con seguridad, había salido la masa encefálica que pisé. El resto del cuerpo, vestido con camisa azul y pantalón de caqui, parecía como que si nada, cual borracho dormido en la calle. Aunque una pierna sí tenía un doblez, una posición extraña, como la de un contorsionista del circo *Razzore* que recién habíamos ido a ver. Después oí de algunos vecinos que esa posición era porque tenía todos los huesos rotos.

Menos mal que los suicidas no podían lanzarse desde el piso 4 donde se realizaban las fiestas y las actividades comunitarias del edificio. Allí había rejas un poco altas para que los niños no pudiéramos pasar y separadas como dos metros del vacío. Además, al ascensorista le hubiera parecido raro que un hombre desconocido, a pleno día, dijera "piso 4". Allí, a esas horas, solo iban las amas de casa y algunos niños. Por eso, el espacio de la diversión de *Cerro Grande* se libró de asociaciones con la muerte.

LOS VELORIOS

Morirse, así normalmente, en un apartamento de *Cerro Grande* era una complicación. Eso siempre lo oí decir. Hasta la mitad del siglo pasado, en Caracas no existían las capillas funerarias donde se velan los muertos. Los velorios en ese entonces seguían en la casa del difunto o en una prestada. Al fin y al cabo, en las casas había más espacio que en los apartamentos para colocar la cantidad de sillas de esterilla que traían de la funeraria, la urna, el Cristo, los candelabros y todo el gentío que venía a ver al muerto, ¡ah! y las coronas que mandaban.

En el diseño de esos nuevos aposentos de la modernidad, como los apartamentos de *Cerro Grande*, no se previeron eventos como los velorios. Tan simple como que en las pequeñas salas no cabía todo aquel despliegue de objetos y gente por lo que colocaban las sillas en los pasillos, como cuando había fiesta. Por ello, los velorios, se apreciara o no al vecino muerto, eran un evento colectivo en el edificio. Para colmo, la urna, que debía permanecer en horizontal para que el o la ocupante no se desordenara, no cabía en el ascensor en esa posición y para bajarla al estacionamiento donde esperaba el carro fúnebre, había que pararla. Algunas familias no admitían el sacrilegio de parar a su muerto en nombre de la modernidad y exigían bajarlo acostado, como Dios manda. Entonces, había que bajarlo por las escaleras, así el cortejo se demorara un buen rato y los llantos hicieran un eco espeluznante en aquellos espacios cerrados con tanta resonancia. Así fue cuando Sarita.

SARITA

La muchacha de *Cerro Grande* que a Raúl Amundaray, no Albertico Limonta, más le gustaba en la vida real era Sarita. Eso se decía en el edificio. Era bonita, dulce, suave, sonriente. A pesar de eso no se le vio en los concursos de reinas o madrina de los equipos, ella estudiaba Medicina. Una de las pocas muchachas del edificio que iban a la universidad. Raúl y Sarita eran lindos, según las señoras, las muchachas, en este caso, por envidia, no lo decían tanto. Al ascensor llegaban, ella con sus libros de Anatomía en el brazo, siempre con un suéter de color pastel que le colgaba sobre los hombros y él, con bufanda de seda al cuello y zapatos de gamuza vinotinto, como los de los príncipes de cuentos de hadas. Por ese entonces, los hombres no usaban zapatos de colores y menos medio peludos, pero mamá decía que él sí porque era artista y salía en televisión.

Un día temprano, Sarita salió sonriente, como siempre, para la playa en su *Ford Thunderbird* verde claro y techo blanco, uno de los pocos carros de ese modelo que había llegado al país. Nunca supe con quién iba, pero con Raúl no. Al día siguiente, Sarita volvió al edificio en una urna blanca. Poco después, una grúa trajo el *Ford Thunderbird* verde claro con el parabrisas destrozado y el techo blanco aplastado y lo dejó en su puesto del estacionamiento. Lo vi con mis ojos nublados.

Para enterrar a Sarita la vistieron de novia porque estaba lista para casarse. Blanca, pero no radiante, iba la novia, como años después cantara Antonio Prieto. El velorio, a pesar de todas las limitaciones descritas, fue en el apartamento 6-33, donde vivía ella con su mamá, y toda novia debe salir de velo y corona de su casa. Raúl, a pesar de ser hombre, lloró mucho junto a las señoras del edificio. Yo también. Calladito. Me gustaba mucho Sarita, nunca se lo dije porque yo no podía aspirar a competir con Raúl pero la lloré como a una novia muerta.

Al día siguiente, el cortejo mortuorio bajó mucho más lentamente que otros cortejos por las escaleras del edificio, no porque se tratara de una novia sino porque el gentío y el llanto colectivo dificultaban desplazarse.

El *Ford Thunderbird* verde claro ya sin techo blanco estuvo varios días más en el estacionamiento hasta que una grúa se lo llevó; dejando un gran vacío en todos, sobre todo en Raúl, o Albertico Limonta, y en mí, que yo sepa.

CARNAVAL EN ENERO

En los alrededores de *Cerro Grande* el traqueteo de los taladros, las mezcladoras de cemento y las grandes grúas que modernizaban El Valle no nos dejaban dormir hasta tarde. Tampoco los picos, las palas y el martillar de las maderas y planchas de zinc dejaban de sonar en todo el día. El cerro donde jugábamos vaqueros iba quedando sin escondites y mamá, con la desaparición de los viveros cercanos, sin dónde comprar rosas y gladiolas.

La modernidad avanzaba a pasos agigantados. A pesar de la dictadura, el país prosperaba y parecía feliz.

Junto a las obras públicas cercanas y la música en los balcones, la diana militar se seguía oyendo al amanecer y cuando anochecía. El país era como un gran cuartel desde los tiempos de un dictador anterior, Juan Vicente Gómez, que era andino, como Pérez Jiménez y mi familia.

De allá son los hombres del día / las hembras más
lindas también son de allá…,

cantábamos en los actos culturales en la escuela, nos lo creíamos.

Avanzados los años cincuenta, los estudiantes del Liceo Fermín Toro, en el centro de Caracas, empezaron a manifestar contra la dictadura. A uno de mis tíos que se había venido de Los Andes a estudiar, lo metieron preso y aún siendo menor de edad lo mandaron para la cárcel de Ciudad Bolívar. Los esbirros de Pérez Jiménez no comían cuento. Mamá decía que esa cárcel era la peor de todas, que al tío lo ponían descalzo sobre un rin de carro para que "cantara" pero no canciones de la Billo's ni de soneros cubanos, sino para que denunciara a sus compañeros que protestaban con él y militaban en la juventud comunista, pero que el tío −con sus 16 años− no "cantaba" y lo volvían a montar en el rin hasta que los pies le sangraban. Mamá lloraba. La abuela, no. Era recia la abuela. Ella viajaba durante unas quince horas para llegar a Ciudad Bolívar desde Caracas para visitar al hijo y, a veces, no se lo dejaban ver. No le daban explicaciones y la abuela se regresaba con su tristeza a cuestas. Antes, a otro de sus hijos —que también militaba en la juventud comunista, amenazado de muerte por la Seguridad Nacional—, el abuelo, que no era hombre con solvencia económica, hizo cualquier sacrificio para sacarlo del país. La abuela se quedaba sin hijos pero no lloraba. Mamá, sí.

A pesar de tanto jolgorio en las calles, las casas y los clubes, en tiempos de dictadura todos tenían que andar en correcta formación, aun sin ser cadetes. De los gritos de los torturados solo se enteraban los otros presos, los carceleros y los familiares de las víctimas. La represión en los tiempos de Pérez Jiménez era tan fuerte que no se decía nada o en voz muy baja.

1958 se inició con mucho agite político en el país, manifestaciones en las calles y huelgas estudiantiles y de obreros. El primer día de ese año, unos aviones de guerra nos despertaron al volar sobre Caracas. "Es un golpe de Estado", dijo el abuelo materno. Papá y mamá nos habían dejado con los abuelos y se fueron a los llanos, dijeron, en el *Chevrolet* gris de papá. Siempre pensé que ese viaje al fin de año, sin nosotros, tuvo que ver con lo que pasó por aquellos días en el país. De hecho, poco después, apresaron al tío paterno que ellos visitaron en ese viaje. Sin embargo, nunca dijeron nada y nos habían enseñado a no preguntar sobre lo que tenía que ver con la política y la familia. La primera noche de aquel año, hubo toque de queda. "Al que vean en la calle, lo matan", explicó uno de mis tíos y nadie, pero nadie de la familia, salió. Tampoco los vecinos. Mamá y papá que venían por la carretera se refugiaron en un colegio de curas por Los Teques hasta que pasó el toque de queda. En pocas horas, Pérez Jiménez controló la situación, los aviones no siguieron volando y, a los pocos días volvimos a la escuela pero la rebelión siguió en las calles y volvió a los cuarteles.

Algo ha debido pasar entre los mandamás de Estados Unidos y el dictador que, sumado a la lucha por el poder entre los militares, la unión de partidos clandestinos y el malestar en las calles por la represión, le pusieron punto final a la dictadura. Así lo dijo una tía que era periodista y muy inteligente. Nos llenaba de orgullo esa tía. Los amigos la admiraban, como que si ser mujer con opinión fuese una extravagancia. Lo era.

Una tarde de esos días cercanos al 23 de enero del 58, acostado en el suelo del balcón de nuestro apartamento en *Cerro Grande*, mientras observaba los grupos de manifestantes que pasaban por la Calle Real de El Valle, todavía una calle estrecha con casas como de campo de lado y lado, vi a varios policías uniformados de caqui y botas de cuero negro a media pierna, golpeando con la peinilla la espalda de un manifestante. De esa espalda pasaron a otras espaldas, piernas y nalgas, marcándolas con el sello de la represión. El brazo enfurecido de uno de los policías también golpeó con la peinilla una pared arrancando el friso blanco de cal que la cubría y dejó a la vista el bahareque, el compuesto de barro y paja con el que tradicionalmente se hacía la vivienda popular en Venezuela, particularmente la de los más pobres. El falso país de oropel en el que vivíamos quedó a la vista.

La noche del 22 de enero, en nuestro apartamento y en el de nuestra tía que también vivía en *Cerro Grande* y militaba en la juventud comunista, entró y salió más gente que lo usual. Algo sucedía. Esa noche no nos mandaron a dormir a las nueve aunque no estábamos viendo televisión, sino acostados en el suelo del balcón, viendo lo que ocurría en los alrededores de la Escuela Militar. Parecía que en la casa nadie estaba pendiente de nosotros aunque, de vez en cuando, cualquier voz desde la sala, nos decía: "No se les ocurra pararse de ahí, puede llegar una bala perdida". Y nosotros apretábamos el cuerpo contra el frío granito como que si estuviéramos en una trinchera en zona de guerra.

Mucho movimiento de carros, jeeps, gente, por los alrededores de la Escuela Militar y, para nuestra emoción, salieron hasta tanques de guerra, de verdad, verdad. No se sabía a dónde irían, pero esa noche pasaron, allá a lo lejos, en correcta formación como los cadetes en los desfiles.

A ratos se escuchaban ráfagas de ametralladora como en las películas y nos pegábamos más al piso, no nos fueran a matar. En la madrugada, uno de los pocos militares que vivían en el edificio —el teniente, le decían— bajó en traje de campaña, a montarse en un jeep militar que vino a buscarlo y los que estábamos en balcones lo vimos. Algunos aplaudieron. Él miró hacia arriba saludando con los brazos extendidos como los protagonistas de las películas de guerra en la televisión. Pocas horas después pasó el teniente en un helicóptero frente a *Cerro Grande*, a la altura de los balcones, saludando con su brazo extendido. De eso no me acuerdo pero de que lo aplaudían desde el edificio, sí.

Al amanecer del 23 de enero no oímos la diana de la Escuela Militar, pero sí una algarabía en nuestra casa, en los pasillos del edificio y en las calles cercanas. Por la radio y la televisión anunciaron que Pérez Jiménez se había ido del país, con maletas llenas de billetes, en el avión presidencial que llamaban "La vaca sagrada". Siempre he pensado que el nombre de ese avión inspiró a Billo para una pieza que años después interpretaba Cheo García y que yo bailaba con mi vecina, la del 12-35:

> *Ay, que la vaca vieja está. / (Y la vaca vieja). /*
> *Arriba, mi vaquita, que te traigo leche pa' tomar. /*
> *(Y la vaca vieja). / Arriba, vaca vieja, que te traigo*
> *yuca pa' cenar. / (Y la vaca vieja). / Arriba, mi*
> *vaquita, que te traigo un piano pa' tocar. / (Y la vaca*
> *vieja). / Arriba, vaca vieja, que te traigo un baile pa'*
> *gozar. / (Y la vaca vieja). / Arriba, vaca vieja, que te*
> *traigo whisky pa' beber. / ¡Anda, vaquitaaaa!...*

A media mañana del 23 nos fuimos en el *Chevrolet* gris de papá a celebrar la caída del dictador. Él tocaba corneta y como cuidaba el carro igual que sus camisas blancas, nos pedía que no golpeáramos las puertas con las manos porque las podíamos abollar. Había mucha gente alegre en la calle, en carros, a pie, encaramada en camiones, o en autobuses. Parecía carnaval en enero.

Lo único malo de esa mañana fue que, cuando íbamos en el carro, por la radio dijeron que se evitara ir al centro de la ciudad porque "...están saqueando y linchando a los esbirros del régimen". Los niños no entendimos nada, pero mamá le dijo a papá: "Regrésate de inmediato". Nos aguaron la fiesta, pero al llegar a *Cerro Grande* los vecinos también estaban celebrando en los pasillos y en la planta baja y la fiesta siguió.

Lo que habíamos oído en la radio de los saqueos y linchamiento lo entendimos al día siguiente al ver las fotos en el periódico, en *Últimas Noticias*, y más, en el noticiero de *Radio Caracas Televisión*. El saqueo era que una multitud se metía en comercios y casas de quienes trabajaban con la dictadura y destruían, se robaban todo, aún peor era lo de los linchamientos. Eso era que agarraban a los policías o funcionarios del gobierno y les caían a golpes, a patadas, a palos por todo el cuerpo; los arrastraban, todavía vivos, les sacaban los dientes, los ojos, les arrancaban el cuero cabelludo y los dejaban así, despedazados, como que si nada, en el medio de la calle. La multitud seguía en búsqueda de otros para hacerles lo mismo. Mamá decía que no viéramos eso, que no era para niños, pero cuando ella se descuidaba, lo veíamos.

CUANDO EL RÍO SUENA

Cerca del derrocamiento de la dictadura, Billo sacó un merengue que hablaba de política, militares y prisión, las muchachas de *Cerro Grande* lo ponían en el tocadiscos y lo bailábamos con Cheo García cantando:

> *Cuando yo sea general, / general de nación, / tengo*
> *ya mis planes listos / pa' arreglar esta cuestión (...)*
> */ Si como dice la prensa / hay más hombres que*
> *mujeres (...) / por eso en un momentico, / el problema*
> *yo resuelvo / meto a to's los hombres presos / y me*
> *quedo yo solito / ¡Ay, qué general! ¡Ay, qué general! /*
> *¡Ay, qué general! ¡Ay, qué general! / Y a los que tocan*
> *la salsa / los manden pa' la isla El Burro... / y a los*
> *viejos de la Billo's / me los mandan pa'l asilo... / Y*
> *a Albertico, el de Limonta, me lo manden a prisión...*

A mí eso de que metieran a la gente presa no me gustaba, menos a mis tíos. E imaginarme que iban a apresar a Albertico Limonta, Raúl, mi vecino de *Cerro Grande*, y el que, como yo, había estado enamorado de Sarita, menos me gustaba.

Cuando el río suena, piedras trae, decía mi abuela, y como un preludio de lo que pasaría en el país pocos meses después, durante el concurso de *Miss Venezuela* 1957, realizado en el hotel Tamanaco –y a pesar del exclusivo lugar y el sector social que asistía a ese evento casi privado– ya se notaban los ánimos caldeados en la población. La competencia fuerte estaba entre dos candidatas: una blanca, elegante, con dos apellidos de abolengo, y otra, un poco morena, también hermosa, muy posiblemente, con dos apellidos pero sin tanta estirpe porque usaba solo uno. El jurado escogió a la primera siendo la segunda la favorita.

Al otro día los periódicos reportaron que los asistentes al acto abuchearon la decisión del jurado y habían cargado en hombros a la morena paseándola con vítores por los pasillos y jardines del hotel, mientras que a la ganadora la coronaron en una de las habitaciones para que no le sabotearan la ceremonia.

Nos entrenábamos para defender derechos en cualquier plano.

Derrocado Pérez Jiménez, los superbloques parecidos a *Cerro Grande*, los de aquella urbanización que ahora se llamaría 23 de Enero y que estaba a punto de ser inaugurada por el dictador, fueron invadidos por familias necesitadas que vivían por los alrededores. Entonces, en los pasillos de esos edificios comenzaron a verse perros, gatos y dicen que hasta gallinas, chivas, y, uno que otro marranito traídos por familias que venían de vivir en una casa a ras de tierra. La cosa no era fácil. Tal era la demanda y emoción por vivir en un apartamento, que algunas familias tuvieron que compartirlo con otras.

Los muchachos "del 23" no aspiraron a formarse en la Academia Militar, como los de *Cerro Grande*; se foguearon en la calle o en los pasillos de los superbloques. Mientras las muchachas, como las de *Cerro Grande*, continuaron aspirando a ser reinas, aunque fuese de la parroquia, y madres, por supuesto.

EL DESTAPE POLÍTICO

Los tres primeros años que vivimos en *Cerro Grande* fueron tiempos de dictadura, de orden, disciplina, progreso, oropeles, persecución, cárcel o exilio a los disidentes y silencio, mucho silencio sobre la situación política. Papá y mamá nos advertían en no decir que un tío político, por parte de padre, estaba exiliado en Puerto Rico, un hermano de mamá, en París y otro, preso en Ciudad Bolívar. No digan nada, a nadie, enfatizaban.

En el edificio, además de algunos militares y civiles simpatizantes de la dictadura, vivían militantes de los partidos políticos ilegalizados: Acción Democrática (AD), Copei, Unión Republicana Democrática (URD) y el Partido Comunista de Venezuela (PCV). Eso lo supimos después del derrocamiento del dictador. En casa, papá era filoadeco y mamá filocomunista y en nuestro apartamento y en el de la tía que también vivía en *Cerro Grande*, se hacían reuniones para conspirar contra el gobierno. De saberlo la policía política, la Seguridad Nacional, fijo los allanaba y se llevaba presos a todos. Más si esas reuniones se hacían frente a la Escuela Militar.

Con la democracia, la vida en *Cerro Grande*, como en todo el país, se hizo más libre y se politizó. Quien era adeco, copeyano o comunista se dejó ver, mientras que los perezjimenistas se ocultaron o transmutaron. Una junta de gobierno formada con militares y señores muy elegantes sustituyó al dictador. Todos de expresiones adustas. Esto es serio, decían sin hablar. El presidente de la Junta, a pesar de ser militar, era el único que no tenía cara de bravo. Al contrario, sonreía. "Es buenmozo", decían las mujeres y, además, como era de la Marina, vestía de punta en blanco de pie a cabeza. Elegante, impoluto. Se veía fresco, parecía simpático, agradable.

Con la democracia, el país se hizo esperanza pero también confusión. Teníamos un presidente pero no se sabía si en pocos meses seguiría siéndolo. Otros también querían ser presidente de la república y, poco después, comenzó un gran festín nacional: la primera campaña electoral en casi una década. Pero en esta campaña habría algo inédito en las formas de hacer propaganda: además de las grandes concentraciones en la moderna plaza Diego Ibarra o de El Silencio, frente a las Torres del Centro Simón Bolívar, las visitas casa por casa, la presión en los sitios de trabajo y a las propagandas por prensa y radio, se agregaba la televisión. La gente no tenía que salir de su casa para ver a los candidatos, e inclusive no solo en su actividad proselitista, también en otras facetas: por allí vimos al presidente de la Junta y ahora candidato a la presidencia, en su casa, cantando y tocando cuatro. Poco usual.

Las calles y avenidas se empapelaron con afiches y banderines. Los camiones con megáfonos alteraban la paz cotidiana alternando las consignas de su candidato con música llanera y las casas y apartamentos tenían afiches con símbolos de los partidos políticos y rostros de sus candidatos.

Por primera vez los más jóvenes oímos sobre el Congreso Nacional y supimos que el presidente de la república era elegido por la mayoría de los electores. Papá votaría por un señor que hablaba como bravo, con palabras raras y fumaba pipa. Era de Acción Democrática, el partido del pueblo. Los afiches y la tarjeta de AD tenían el dibujo de un hombrecito vestido de liliqui-que, con sombrero de cogollo y alpargatas, como vestían a mi hermano, el más pequeño, para que bailara joropo en los actos culturales de la escuela. El hombrecito de la tarjeta —Juan Bimba, lo llamaban— llevaba en uno de sus bolsillos un bollo de pan pero a mi hermano no se lo colocaban para evitar que se le cayera mientras zapateaba. Tampoco decían que mi hermano estaba disfrazado de Juan Bimba, sino de llanero.

Mamá y sus hermanas dijeron que no votarían por ningún candidato a la presidencia porque a la gente del Partido

Comunista no le gustaba ninguno. Ni siquiera el candidato que tocaba cuatro, sonreía y decían que era buenmozo. Simplemente, no votarían. Era parte del ejercicio democrático.

Mis hermanos y yo, aunque no votábamos, empapelamos el balcón del apartamento y parte de los pasillos del edificio con afiches que tenían la cara de un señor con flux, sonriente y el pelo engominado con brillantina *Palmolive*, una crema verde, pegajosa, que también usaba papá para que el viento no lo despeinara. No sabíamos quién era pero mientras almorzábamos donde la abuela paterna oímos que si ganaba el señor del pelo engominado, que era del otro partido grande, Copei; nuestro único tío paterno sería ministro o gobernador. Queríamos tener un tío así, con *Cadillac* negro, chofer y escolta para que nos visitara en *Cerro Grande*. Mientras papá y mamá no querían votar por ese candidato del pelo engominado, nosotros, que sí queríamos, no podíamos votar.

Papá nos llevaba a las caravanas electorales en su *Chevrolet* gris. Eso era como una fiesta sobre ruedas por las calles y avenidas de Caracas. Las encabezaba un camión con altoparlantes pero sin adornos, ni muchachas bonitas con vestidos vistosos, ni tiaras, como en las carrozas de carnaval, sino gente de aspecto y ropa normal solo diciendo a todo leco que había que votar por… ¿votar por quién? No me acuerdo si papá nos llevaba a las caravanas de AD, que eran las de él, o a las de Copei para complacernos, pero seguro que a las del PCV no, porque a esos no les gustaban las elecciones y, además, tenían muy pocos carros para hacer una caravana.

En esos desfiles automovilísticos dominicales pasamos por zonas de Caracas que poco veíamos y hasta desconocíamos, a pesar de lo cerca que algunas estaban de El Valle. Así conocimos a Santa Mónica, Los Chaguaramos y Bello Monte, urbanizaciones en construcción pero que ya tenían algunos edificios pequeños, comercios y, más arriba, hacia las montañas del sur, casas grandes, bonitas, con grandes ventanales, terrazas, muy distintas a las que construían por los cerros de El Valle.

La caravana también pasaba por El Paraíso que era, literalmente, como llegar al edén: calles arboladas, grandes casas con amplios y frondosos jardines. La más grande era de la Comandancia de la Guardia Nacional, antigua residencia de una de las familias más adineradas del país. En esa urbanización había vivido Pérez Jiménez, el dictador recién derrocado, y otros altos funcionarios de su gobierno. Algunas de esas casas estaban saqueadas, con las puertas y vidrios rotos, abandonadas, y verlas así hacía más interesante el paseo.

A las caravanas electorales no les permitían pasar por Los Próceres. Los soldados que vigilaban, con voz autoritaria y metralleta terciada, decían que estaba prohibido. Y era una lástima porque por allí llegaríamos rápido a nuestra casa. Se cruzaba un puente sobre la nueva autopista y ¡suaz!, ya estábamos en la urbanización Longaray y cerquita, *Cerro Grande*; pero no, no se podía pasar por las zonas militares aun cuando estuviéramos en democracia.

A LLORAR A EL VALLE

La vista frente a nuestro balcón de *Cerro Grande* seguía transformándose a pasos acelerados. Prácticamente lo único que quedaba igual a hace casi diez años, cuando llegamos al edificio, era la estructura de la Escuela Militar y unos galpones cercanos también de uso militar. El resto, la Calle Real, los vestigios de lo que fue el pueblo de El Valle desaparecían vertiginosamente a costa del progreso. Las calles y casas del frente y más allá empezaron a ser sustituidas por una amplia avenida, como otra autopista pero más pequeña, y edificios, no tan grandes como el nuestro, ni con el encanto y poderosa presencia que *Cerro Grande* había tenido desde su construcción. Más bien, anodinos.

En Los Jardines, la urbanización de pequeñas casas que pretendían elegancia de clase media, en donde habían crecido José Luis Rodríguez y Cherry Navarro, demolieron las casas de más abajo, hacia la Calle Real y desaparecieron: la farmacia *Lux*, donde nos llevaban a poner inyecciones y a comprar unas gotas nasales para papá; el cine *Los Jardines*, que era el mejor de la zona; y el Instituto ABC, donde concluimos la primaria muchos de los que vivíamos en *Cerro Grande*. Ese paisaje transmutado de la zona lo contemplábamos, mi hermano y yo, cada día más sorprendidos, desde el autobús hacia Coche, vía al liceo donde debutábamos como liceístas.

Pedro Emilio Coll se llamaba el liceo. Coll fue el autor del cuento *El diente roto*, de un joven que no pronunciaba palabra, pasaba el tiempo acariciando el diente con la lengua, y la gente creyendo que meditaba profundamente lo elevó a los más altos cargos en el país. Una farsa sin que él fuera farsante, más bien, la gente era idiota. Ese cuento me lo hizo leer mamá, tan pronto me inscribió en ese liceo y me marcó, como otros libros que también me dio: *La madre*, de Gorki; *Los hermanos Karamazov*, de

Dostoyevski y *Ana Karenina*, de Tolstoi. El *Manifiesto Comunista* no me lo dio en esa época, aunque sí después un tío, pero no me acuerdo qué decía.

Además de aprender trigonometría con una profesora alemana que parecía una modelo de *Vogue*, y de conocer las esculturas de Rodin en las clases de Educación Artística con una profesora recién llegada de París, el liceo fue, para mí, el lugar de entrenamiento en la militancia política, en la redacción de convocatorias, el lanzamiento de volantes, protestas y manifestaciones, pero de enfrentamientos con la policía o la guardia, eso sí que no. ¡A correr se ha dicho! Mamá fue eficiente en transmitirme sus miedos.

LOS QUINCE

Al comienzo de los sesenta, las muchachas de *Cerro Grande*, las contemporáneas mías que ya estudiaban en el liceo o en la Escuela Normal para ser maestras, empezaron a celebrar sus 15 años, a ser presentadas en sociedad, como decían. Una fiesta más formal, ostentosa, grande y esperada que la de cualquier otro cumpleaños de su vida. En las preparaciones de ese festejo participaban las amigas de la cumpleañera, las de la mamá y familiares que no vivían en el edificio.

Parte del entusiasmo y esfuerzo económico de la familia, además de la fiesta, era el vestido de la cumpleañera. Las mamás lo mandaban a hacer con la modista o se lo compraban hecho, pero casi todos eran parecidos aunque cambiara el modelo: falda a media pierna, muy ancha y un armador debajo al que le ponían un fleje, que desplegaba aún más el ancho de la falda. Así, parecían princesas como las de las películas de Walt Disney o una piñata.

Pero piñata no había en esas fiestas, ya no éramos niños. Ahora, hombrecitos y mujercitas. Me compraron un traje de color gris, como los que usaba papá para ir a fiestas o a la oficina, y una corbata de lazo, una pajarita, que a mamá le parecía más juvenil y cómoda porque no había que hacerle nudo. Por eso nunca aprendí a hacerlo.

Los zapatos que estrenaba la quinceañera eran de tacón mediano para que bailara el vals con su papá, o con quien la presentara en sociedad, sin dar traspiés. Ella, como reina de la noche, bailaba *Conticinio*, la pieza musical más utilizada en la época para dar inicio a fiestas solemnes como lo hacía el presidente de la república con la reina de Carnaval de Caracas.

Después del vals seguía un desfile de orquestas en el picó y la fiesta se prendía.

La Billo's con su:

akara kata, katis kistas, katis kistas, karaka tiski…;

Los Melódicos que si:

tingo, tingo que tingo al tango…;

y el merenguero dominicano, Damirón, que rendía tributo a aquel momento inolvidable con su:

qué buena, qué buena, qué buena está la fiesta / qué buena, qué buena, que nunca se termine…

En esas celebraciones no faltaba la voz de Rafa Galindo, con la Billo's, pidiendo que apagaran la vela:

A mí una vieja me dijo que tienen vela prendía / unos la apagan de noche / otros la prenden día. / Apágame la vela, María, / pero que apágame la vela, María. / Apágame la vela, María…

y después que se apagaban las velas y repartían la torta, uno se iba para su casa, en el ascensor o atravesando el pasillo. Pero la mayoría de los invitados se iban en su carro.

En carro veníamos, una vecina cumpleañera, su hermana y yo que fuimos a buscar la torta para su fiesta de los quince, mandada a hacer en una panadería un poco lejos del edificio. La torta era de tres pisos y en el último tenía un lazo de pastillaje, rosado, como toda la torta, con cintas, también de pastillaje, que caían hacia el piso de abajo. El carro tomó la curva hacia la corta calle que nos conduciría a *Cerro Grande*, el conductor giró muy fuerte en esa curva, y para evitar que la torta cayera al piso, le puse la mano a la altura del lazo y el tercer piso quedó a la altura del segundo. Menos mal que varias señoras del edificio se declararon en emergencia solidaria, como siempre lo hacían en cuestión de fiestas, y de una forma admirable reconstruyeron aquella torta con lazo y todo para que la cumpleañera apagara su vela como ella quería.

Las fiestas de los 15 años eran un poco distintas cuando la cumpleañera no era una vecina de *Cerro Grande* sino una de mis excompañeras del kínder o de la primaria o hija de unos amigos de papá y mamá. En esos casos, invitaban por teléfono o lo mandaban a decir con otra mamá o con una tarjeta impresa y te pedían que fueras caballero en la cuadrilla de honor de la quinceañera. El primer día del ensayo de la cuadrilla era la asignación de las parejas y eso daba un sustico: "¿Y si me toca la que no me gusta?". Ellas pensarían lo mismo. "No se aceptan cambios", advertía la instructora. Era cuestión de estatura, de semejanza física. A mí siempre me tocaba la que menos me gustaba, algo así como la más feíta, pero no me quedaba alternativa: tenía que bailar con ella y hacerlo bien. Por bailar bien y ser disciplinado me invitaban a la próxima cuadrilla.

En algunas fiestas de quince que no eran en *Cerro Grande*, contrataban mesoneros que traían tequeños, bolitas de carne y rebanadas de pan de sándwich con jamón y queso amarillo con un detalle de pimentón hechos por agencias de festejos, pero no eran tan buenos como los que daban en las fiestas del edificio cuando los hacían las mamás, las tías o las vecinas. Lo que sí era mejor en esas fiestas era el sonido de la música porque la orquesta tocaba en vivo. Las familias con más dinero contrataban a la Billo's o Los Melódicos y celebraban en el Círculo Militar, en los salones de grandes hoteles, o en una casa grande y ostentosa aunque fuera prestada. Por ese tiempo no había salas de festejos.

Las fiestas de este tipo, elegantes, solo las veía en las páginas de sociales de los periódicos y siempre me hubiera gustado haber ido. A la máxima que asistí fue en el Club de Suboficiales con la orquesta de Porfi Jiménez, y su cantante Chico "Sensación" Salas, quien en uno de sus sets interpretaba una especie de advertencia para las debutantes:

María Tomasa, la resbalosa, no se quiei casai, /
pero se le ha de ponei las cosas que se vai a quedai. /
María Tomasa, aé, no me resbale má...

AHÍ VIENE LA PLAGA

Finalizando la década de los cincuenta, en *Cerro Grande* y otros lugares de Caracas, se empezó a bailar una música nueva: el *rock and roll*. Por supuesto que con ese nombre, no era un ritmo tropical sino que venía de los Estados Unidos. Las primeras piezas que oímos de esa música eran interpretadas por Little Richard, Paul Anka y el que llamaban el rey del *rock and roll*, Elvis Presley. Todos ellos cantaban en inglés pero no importaba que no entendiéramos, lo que había que captar era el ritmo y ver por la tele cómo se bailaba. Era rápido, con movimientos un poco extraños para nosotros, haciendo piruetas con los brazos, las piernas, los pies, saltando y hasta pasando por debajo de las piernas de los varones a la muchacha y nos enredábamos porque no estábamos entrenados para eso, pero después de que le agarrábamos el paso, era fácil y divertido.

También, en la tele empezaron a poner rock en español, en mi casa ya comprábamos discos como los vecinos, y bailábamos piezas de un grupo mexicano, Los Hooligans:

> *agujetas de color de rosa / y un sombrero grande y feo.*
> */ El sombrero lleva plumas / de color azul pastel...,*

o:

> *Ahí viene la plaga / me gusta bailar / y cuando está*
> *rocanroleando / es la reina del lugar...,*

que no eran tan aceleradas como el rock gringo.

El furor por el rock fue tanto que hasta Los Melódicos interpretaron el suyo con aires de guaracha:

Mira cómo baila el esqueleto, / mira cómo se menea
de contento… / Mira cómo goza cuando se levanta de
la fosa /… como es puro hueso no se cansa…

Y, en efecto, uno, al bailarlo, movía el esqueleto sin cansarse.

Pero la cosa se puso un poco más difílcil cuando llegó Chubby Checker con *Let's Twist Again* y otras del mismo ritmo que además de ser en inglés, se bailaban más rápido que el rock. En el twist había que mover la cintura, las rodillas y los brazos de un lado para el otro y los pies girando como el péndulo de un reloj, a la izquierda, a la derecha, bien pegados del suelo, y agacharse con ese movimiento y luego para arriba, como un resorte, pero suave. Claro, si en otro momento uno había jugado *hula hoop*, se tenía el entrenamiento básico en la cintura porque en el twist se trataba de eso, de girar la cintura para un lado, para el otro.

ALIANZAS

A pesar de ya estar en democracia, los desfiles militares en Los Próceres continuaron. El nuevo presidente de la república, el que fumaba pipa y hablaba como bravo, el que le ganó las elecciones al del pelo engominado y al que tocaba cuatro, presidía los desfiles. Ese presidente apoyaba sin reservas a la Alianza para el Progreso, un plan regional que el nuevo, joven y atractivo presidente de los Estados Unidos, de apellido Kennedy, había creado para América Latina. Pero ni a mi mamá, ni a mis tíos maternos les gustaba ese plan, decían que era para someter políticamente a América Latina. Mucho menos les gustaba la gente del Cuerpo de Paz que llegaba como parte del contingente humano para implementar esa Alianza. Los tíos decían que eran gente del servicio de inteligencia de los Estados Unidos, que venían a espiarnos para meter presos a los que estaba en contra del imperialismo, como ellos.

Finalizando la década de los cincuenta, a La Habana —de donde venían Celia Cruz, Barbarito Díez, la Orquesta América y la Aragón—, llegaron no los marcianos bailando chachachá sino unos guerrilleros, jóvenes, barbudos, que estaban en las montañas de la Sierra Maestra, derrocaron al dictador cubano y se hicieron gobierno en aquella isla. A mis tíos, los de parte de mamá, les gustó mucho ese triunfo.

El otro tío, el paterno, el que aspirábamos que fuera ministro o gobernador si el candidato de pelo engominado ganaba las elecciones presidenciales, también estaba contento pero no por lo que pasaba en Cuba, sino porque a pesar de que su candidato había perdido las elecciones, hicieron alianza los dos grandes partidos de Venezuela, y a él lo nombraron gobernador. Entonces, llegaba a *Cerro Grande* en un *Cadillac* negro con chofer y los vecinos lo veían desde los balcones. Cuando se despedía, sacaba de su bolsillo unos "fuertes" –las monedas de cinco bolívares hechas de plata, de verdad, verdad, equivalentes a un poquito más de un dólar– y nos daba uno a cada uno. Quedábamos contentos y orgullosos por tener un tío rico y gobernador.

JACKIE, LINDA JACKIE

A pesar de la admiración por el *American way of life* que se sentía en Caracas en los años cincuenta, apenas comenzando los sesenta el sentimiento había ido cambiando en parte de la población, como consecuecia de los aires revolucionarios que soplaban en América Latina y el Caribe. Para la gente de izquierda surgieron esperanzas y las luchas guerrilleras en las calles y la montaña se extendieron por Latinoamérica. La situación en Venezuela, y particularmente, en Caracas, estaba como cuando tumbaron a Pérez Jiménez, revuelta. Por ello, la visita del presidente Kennedy y su comitiva, a principio de los sesenta, tuvieron que planificarla muy bien para evitar la ingrata experiencia de Richard Nixon, cuando vino a Caracas un poco antes, siendo vicepresidente de Eisenhower.

En esa oportunidad, los sistemas de inteligencia y los anillos de seguridad fallaron: se les ocurrió que la caravana de Nixon pasara por la avenida Sucre, cerca de Catia y el 23 de Enero, zonas de las llamadas populares, dominadas por gente de izquierda y la "lluvia de escupitajos y patadas al automóvil del ilustre visitante", leí en el periódico, hicieron esa experiencia tan negra como la limosina que lo trasladaba de Maiquetía a Caracas. Parece que el susto del vicepresidente, su comitiva y los encargados de su seguridad fue bárbaro; la visita de los Kennedy, en cambio, fue toda hermosa, con glamour.

A pesar del sentimiento "antiyanqui" que se sentía en las calles de Caracas, una excepción se hizo con Jacqueline Kennedy, la esposa del joven presidente de los Estados Unidos, e inclusive con él. Jackie era linda, sonriente y elegante. Usaba unos vestidos rectos en la cintura –tipo saco, les decían– que libraban a las mujeres de la faja que las había mantenido constreñidas durante los años cincuenta y antes.

Mis tías y hasta mi mamá, aunque no les simpatizaban los gringos, se mandaron a hacer vestidos "estilo Jackie". La verdad es que no se veían tan bonitas como la primera dama de los Estados Unidos, pero gracias a ella ya no tenían que comprar ni fajas, ni figurines para mandar a hacerse los vestidos; solo recortar las fotos de Jackie en los periódicos o en la revista *Life* y llevárselas a la modista para que les hiciera "uno como el que ella tiene".

Sí, era linda Jackie y buenmozo su marido, el joven presidente de los Estados Unidos. Las revistas decían que él había tenido un *affaire* con Marilyn Monroe, la de *Los caballeros las prefieren rubias* y muchas otras películas que la consagraron como la mujer más codiciada del mundo, pero una mañana de agosto, Marilyn apareció sola, desnuda y muerta en su cama de Beverly Hills. Lo leí en *El Tiempo*, el diario colombiano, mientras estábamos de vacaciones en Pamplona, Colombia, disfrutando, y aún así, lloré. Como lloré a Sarita, la de *Cerro Grande*, y a una trapecista del circo *Razzore* que vi un domingo en su presentación en Caracas y como a la semana salió en el periódico que la había matado el novio de un tiro o se había caído del trapecio; no recuerdo la causa, pero se murió y era tan linda como Ella, la inolvidable, que presentaron en *El Show de las Doce* y luego murió en un accidente de aviación. Lloraba por sus bellezas perdidas. Distinto fue con lo de Ana Bertha, la que bailaba mambo y chachachá en las películas de Tin Tan, y el papá le mató el novio porque después de "desgraciarla" no se quería casar con ella. Eso me puso triste, sí, pero en ese caso no lloré porque no fue ella la que se murió. Ella siguió bailando, como yo.

A mamá no le gustaba que yo leyera noticias de muertos, ni que llorara; por eso escondía la parte de los periódicos que traían noticias de asesinatos o suicidios de gente importante. Pero, sin que ella supiera, yo me leía hasta los obituarios, uno a uno, con todo el listado de familiares y amigos del difunto. Lo aprendí de una señora mayor, vecina de *Cerro Grande*, que tenía por rutina ir a cuanto velorio pudiera para socializar y ocupar su tiempo, pero yo no iba, solo me enteraba.

LOS MOVIDOS 60

Recién iniciada la década de los sesenta el mundo estaba muy convulsionado. Una guerra sangrienta, como todas las guerras, destrozaba a Vietnam y las bombas de napalm lanzadas desde aviones de los Estados Unidos quemaban niños vivos; se veía en la televisión sin ser películas. En el país que se enarbolaba el discurso de la libertad y la democracia, millones de personas, por el color oscuro de su piel, tenían prohibido vivir en ciertas zonas, asistir a cualquier escuela pública, entrar a bares o restaurantes, restricciones en el transporte público. Tampoco había libertad sexual, como en casi ninguna parte del mundo.

Latinoamérica estaba convulsionada entre dictaduras militares y utópicas revoluciones. Pobreza por doquier.

Kennedy era una esperanza de cambio para el mundo pero, a poco de su visita a Venezuela, al esposo de Jackie, a pesar de joven y buenmozo, lo mataron en su país, como que si fuese cualquiera. Y la gente en Estados Unidos y en otras partes del mundo estaba triste, impresionada por aquel asesinato. A Kennedy lo querían y a Jackie, la ahora joven viuda, también. Vimos el sepelio por televisión y gente llorando pero no mucho porque los americanos no lloran o, al menos, lo hacen muy discretamente, con elegancia. No con el drama al que estamos acostumbrados, nosotros, los latinos.

La tarde que mataron a Kennedy no estábamos en *Cerro Grande* porque la policía había allanado nuestro apartamento y tuvimos que salir de allí por varios días. En esa ocasión, se llevaron preso a papá. A papá que no hacía nada, solo trabajar y jugar a los caballos.

La Digepol −la Dirección General de Policía−, la primera policía política de la democracia, parecida a la Seguridad Nacional de la dictadura, llegaba a nuestro apartamento siempre de noche, como los monstruos y las brujas, buscando armas, libros, folletos, a mis tíos maternos —ya guerrilleros urbanos— y a mí, que estaba en el liceo entrenándome en la militancia. Pero no me llevaban preso porque era menor de 18 y de 15 también. Además, flaco, temeroso. Temblaba cuando veía a los que me parecían monstruos y, ellos, para no perder el viaje del allanamiento, se llevaban a papá. A papá que no hacía nada, solo trabajar y jugar a los caballos.

Cada vez que la policía allanaba nuestro apartamento o cualquier otro de la familia y, por casualidad papá estaba allí, se lo llevaban preso. Él se iba tranquilo para la patrulla, mamá lloraba, mis hermanos y yo también. Como no teníamos 18 años podíamos llorar.

Al día siguiente de cualquiera de los allanamientos, mamá le avisaba al tío paterno que era gobernador o al tío político que era diputado, ellos llamaban al director de la policía y listo: papá de regreso a casa. También, cuando se llevaban presos a los tíos maternos que eran comunistas y revoltosos, mamá llamaba a sus cuñados para que los trataran de sacar de la Digepol. A veces podían, otras no.

LOS "ARROCES" DEL TÍO

Junto a los cambios sociales y políticos en el país, nuestra parroquia, El Valle, se transformaba con rapidez. Además de la arremetida por el nuevo urbanismo frente a *Cerro Grande*, algo semejante pero menos planificado seguía ocurriendo en la parte de atrás del edificio: las casas llamadas ranchos, el barrio, que desde su inicio llamaron también "Cerro Grande", crecía violentamente.

El cerro seguía siendo transmutado a pico y pala por los futuros habitantes de las casas que fabricaban donde había matas de mango, mamón y más vegetación. Los techos de zinc brillaban como los platillos voladores que veíamos en las películas de ciencia ficción que pasaban algunas noches, al aire libre, en la planta baja del edificio. En las noches se oía música llanera, rancheras y porros y cumbias sonando en el barrio.

A pesar de que nosotros seguíamos viviendo en *Cerro Grande*, cada vez permanecíamos menos tiempo allí. Los amigos nos advertían que teníamos que cuidarnos, que quién quita y una noche se llevaran a papá y no regresara. Como les pasó a otros que se llevó la Digepol y no se supo más de ellos, ni de los cadáveres. Pero la gran preocupación de la familia era el tío, no el que estuvo preso en Ciudad Bolívar con la dictadura y ahora en Mérida con la democracia, ni el que mandaron para el exterior porque la Seguridad Nacional lo iba a matar y ya había regresado. No, esos no. La preocupación era por el tío más fiestero de todos, que cuando tenía 16 años y yo como 13, me llevaba a los "arroces" —así llamaban las fiestas juveniles de entonces— donde bailábamos con la música de Los Melódicos, Porfi Jiménez, la Sonora Santanera y, claro, la Billo's. Ese tío joven también me llevó a otras fiestas que nadie podía saber, ni mamá. De haberlo sabido no me dejaba ir porque, si hubiera llegado la

Digepol a esa fiesta, todos íbamos presos, sin importar la edad, ni la contextura física. En esas celebraciones no se bailaba, se tocaba guitarra y se cantaban –a media voz– canciones de protesta, revolucionarias, para despedir a los que se iban para las montañas, a las guerrillas.

Una noche el joven tío fue el motivo de la despedida y después no lo vimos más. Mamá dijo que no se lo dijéramos a nadie, pero a nadie, que se había ido. Solo hablábamos entre nosotros del tío que a los 16 años cambió las fiestas por la guerrilla y a los 17 ya lo habían matado. Aún después de muerto, la Digepol venía a *Cerro Grande* a buscarlo y también a las casas de la abuela materna, de la tía y de la otra tía más joven. Mamá hubiera querido que él estuviera en cualquier sitio y se lo llevaran preso, pero no; ya estaba enterrado en la montaña y la policía no sabía. Entonces, se llevaban preso a papá que no hacía nada, solo trabajar y jugar a los caballos.

Meses después de la secreta muerte del joven tío, unos desconocidos vinieron a visitar a mamá y se fueron muy pronto, dejando una bolsa plástica transparente con una afeitadora y una jabonera con un jabón muy usado. Fue todo lo que quedó del joven tío muerto. Mamá lloraba, la abuela no porque era recia. Además, ella, probablemente, nunca vio la bolsa plástica con el jabón. Solo le quedó el recuerdo de su hijo alegre, el fiestero, y la preocupación por los otros hijos y las hijas rebeldes que estaban por allí.

REVUELTAS CARIBEÑAS

Al principio de la etapa democrática, en los sesenta, la tranquilidad a la que estábamos acostumbrados en Caracas por la represión de la dictadura se perdió. Ahora había mucha revuelta política, mucha protesta. Habíamos aprendido a exigir y defender derechos, también a resistir golpes militares.

El golpe de Puerto Cabello –El Porteñazo, lo llamaron– fue el primero y a pesar de que la rebelión ocurría distante de Caracas, la Escuela Militar y la zona militar alrededor de *Cerro Grande*, se puso tensa. Un grupo de la base naval del puerto, como a 200 km de Caracas, intentaba derrocar al presidente, al que fumaba pipa. Mataron a muchos soldados en el puerto y, en Caracas a unos civiles que fueron al Palacio de Miraflores a respaldar al presidente. La foto que salió en el periódico de un sacerdote sosteniendo a un soldado herido dejaba ver que la cosa había estado muy fea, tiros de lado y lado, pero, al final, los golpistas fueron derrotados.

A los pocos meses del Porteñazo, otro golpe militar estalló en Carúpano, también a orilla del mar Caribe –El Carupanazo, lo llamaron– pero los golpistas tampoco lograron su objetivo; el presidente que fumaba pipa siguió en la silla presidencial. Era uno de los pocos mandatarios que había sido electo por el pueblo en América Latina aunque reprimiera como hacía el dictador que él había ayudado a derrocar.

En la década de los sesenta ya habían sido derrocados muchos de los dictadores que durante la década anterior gobernaban en América Latina y el Caribe. Pero Somoza seguía en Nicaragua; Stroessner en Paraguay; "Chapita", como llamaban a Trujillo, en República Dominicana y Duvalier, "Papa Doc", en Haití. Las noticias reportaban que eran crueles a pesar de que en las revistas aparecieran alegres –los caribeños en particular— ofreciendo suntuosas fiestas, acompañados de lindas mujeres y ellos, muy elegantes. Eran asesinos con glamour, que tomaban champaña y hablaban español, inglés y, algunos, francés.

Al presidente nuestro, al demócrata, al de la pipa, la gente de izquierda no lograba hacerlo renunciar, ni algunos militares, derrocarlo; entonces, los de la derecha decidieron matarlo. En Los Próceres sería la cosa, cerca de *Cerro Grande*, durante el desfile del Día del Ejército. Por los alrededores de la Escuela Militar ya estaban los cadetes de la Marina, de la Aviación, los de la Guardia Nacional. Todos en correcta formación, listos para marchar. Nosotros, desde el balcón del apartamento esperábamos que comenzara el desfile. Los tanques con sus motores encendidos y las baterías antiaéreas apuntando hacia delante, iban a Los Próceres. De repente, ¡Booommmmm!, una detonación muy fuerte, como nunca habíamos oído por allí, a lo lejos, una humareda, gente corriendo, ulular de patrullas, de ambulancias. No sabíamos qué había pasado. "¡Mataron al presidente y a toda su comitiva!", empezaron a decir los vecinos en el pasillo del edificio.

Más tarde, en la televisión apareció la imagen del *Cadillac* presidencial, destrozado, humeante y fotos del ministro de la Defensa muerto en el atentado; decían los primeros reportes que al presidente lo había mandado a matar "Chapita", el dictador dominicano, en complicidad con algunos conspiradores locales, pero no daban más nombres. Nunca los dijeron.

Esa noche, el presidente de la pipa habló en cadena por televisión; seguía al mando, pero con las manos vendadas para proteger las quemaduras. Así las tuvo mamá un poco antes de mudarnos a *Cerro Grande* y no podía comer ni secarse las lágrimas por sí misma.

NOCHES AMARGAS

Con el avanzar de la década, las noches en el país, en Caracas, en casa de la abuela, en la de las tías maternas y en nuestro apartamento se hicieron cada vez más tensas. De un momento a otro tocarían la puerta fuertemente. El toque era inconfundible, antecedido por el frenar de un carro frente al edificio y el sonido de cuatro puertas al cerrarse. En un santiamén, los digepoles estaban en la sala de nuestro apartamento con armas largas y cortas. Mamá corría, llena de pánico, a nuestro cuarto a decirnos que no iba a pasar nada, que saliéramos rápido, pero antes de salir, llegaban los policías al cuarto y los colchones iban al suelo, los libros al suelo, la ropa y objetos del clóset al suelo. Un silencio tenebroso. Nuestros ojos desorbitados, el corazón acelerado, las piernas temblando y no por frío. Se llevarían a papá que no hacía nada sino trabajar y jugar a los caballos. Se iban, se lo llevaban. La casa patas arriba. El susto seguía y nos costaba volver a dormir. Las noches se hicieron tenebrosas. Por años fue así.

SERENATAS ROCOLERAS

En *Cerro Grande* vivíamos envueltos en música. Durante el día se escuchaban variados ritmos que salían de altoparlantes en los balcones y, a lo lejos, se oía la música del barrio, en la parte de atrás del edificio. Por las noches, cualquiera, desde el Bar Unión en la Calle Real de El Valle, frente a *Cerro Grande*, llegaba la música que los despechados ponían en la poderosa rocola y se nos metía en el cuarto, arrullándonos antes de dormir.

Felipe Pirela, el de Maracaibo y de la Billo's, cantaba:

> *Soy malquerido por la mujer que yo más quiero, /*
> *y esa mujer vive conmigo queriendo a oootro. /*
> *He mantenido cuerpo y alma en un infierno…*

Le podía seguir Julio Jaramillo, el bolerista ecuatoriano, con su guitarra:

> *No puedo veeerte triste porque me maaata / tu carita*
> *de pena, mi dulce amooor. / Me duele tanto el llanto*
> *que tú derraaamas / que se llena de angustia mi*
> *corazón…*

Otras veces, Nelson Pinedo, con la Sonora Matancera, cantaba:

> *¿Quién será la que me quiera a mí? / ¿Quién será?*
> *¿Quién será? / ¿Quién será la que me dé su amor?*
> *(…) Yo no sé si volveré a querer / yo no sé, yo no sé.*

Eso de que lo traicionaran a uno, el llanto derramado, que uno no supiera quién le va a dar su amor; tanta incertidumbre me daba ganas de llorar. Siempre ha sido así.

Como si fuera poco, en aquel concierto nocturno y cíclico, podía aparecer Javier Solís con uno de sus boleros rancheros:

Sombras nada mááás, acariciando mis maaanos. / Sombras nada mááás, en el temblor de mi voz. / Pude ser feliz y estoy en vida muriendo, / y entre lágrimas viviendo / el pasaje más horrendo de este drama sin finaaal. / Sombras nada mááás, entre tu vida y mi viiidaaa. / Sombras nada mááás, entre tu amor y mi amooor...

Así era casi todas las noches. Costaba dormirse con tanta tristeza aunque había una que me gustaba, *Tristeza Marina*, cantada por Leo Marini:

Su nombre era Margot, / llevaba boina azul / y en su pecho colgaba una cruz. / Maaar, mar hermano míííto, / maaar en su inmensidaad. / Hundo con mi barco carbonero / mi destino prisionero / y mi triste soleeedad. / Maaar, ya no tengo a naaadie. / Maaar, ya ni tengo amooor...

Con esa canción me gustaba dormirme aunque fuera triste. Preferible eso que pensar en los toques a la puerta de los digepoles que podían venir de un momento a otro.

Por esa época, papá le regaló a mamá un disco de Aldemaro Romero que estaba de moda y era de música suave, instrumental, *Dinner in Caracas*, pero ya era tarde para que ella se entusiasmara con salir a cenar.

EL PRINCIPIO DEL FIN

Tienen que mudarse de *Cerro Grande*, empezaron a decir en la familia y algunos vecinos. Allanaban nuestro apartamento con frecuencia. Amigos, tíos muertos, otros presos, otros en el exilio. La democracia, por la represión, era como la dictadura. Algunos de los tíos pasaron a la clandestinidad, nadie sabía dónde estaban, ni mamá, ni la abuela, menos nosotros. No se podía.

Un día, el friso del techo del comedor de nuestro apartamento se desprendió sorpresivamente. Alguna humedad ha debido haber en la terraza del edificio a pesar de que era cubierta y tenía piso de granito. Un tubo interno roto, quizás, dijo papá. El revestimiento cayó sobre la mesa comprada en *Capuy* y al quitarlo rayó la superficie. Esas rayas se sumaron al hueco hecho por el disparo que se le escapó al digepol cuando colocó el arma en la mesa durante el último allanamiento. La noche de aquel disparo mamá, que iba camino a nuestro cuarto, gritó, nosotros también. Llorábamos todos. Papá estaría muerto en la sala. Pero no, no estaba muerto ni herido. Parado, sonriendo nerviosamente. Fue un accidente, dijeron los policías y se fueron rápido, como asustados, sin papá que no hacía nada, solo trabajar y jugar a los caballos.

Días después, fue cuando el friso cayó del techo. Nadie lo reparó. Ni a mamá ni a papá le importaba. Aquel hueco y las rayas se hicieron memoria.

Otras familias también empezaron a mudarse de *Cerro Grande*, pero por otra razón: los hijos y las hijas terminaron sus estudios, ya trabajaban, aumentaron los ingresos familiares. Lo movilidad social se daba.

Para ese entonces, mamá había dejado de llorar, ya había llorado mucho. Papá no lloraba, pero estoy seguro de que quería.

EL FUTURO

Poco antes de mudarnos de *Cerro Grande*, algunos de los vecinos jóvenes acordamos un reencuentro en el año 2000, la referencia del futuro. Pensábamos que cuando llegara el siglo XXI el cielo de Caracas estaría cruzado por naves espaciales y todos vestiríamos con trajes de un tejido elástico, multicolor, apretados al cuerpo, como los que usaban los superhéroes que venían de otras galaxias. Pocos años después, mucho antes del previsto encuentro sideral en algún lugar de Caracas, vimos por televisión la llegada del primer hombre a la Luna con un traje blanco, como abombado, muy distinto al que habíamos imaginado. El entusiasmo por el reencuentro en el 2000 disminuyó hasta nada.

Al principio de los sesenta, Caracas era modernista. Las avenidas la cruzaban de este a oeste, de norte a sur. Surgieron arañas, ciempiés y pulpos cuyas patas y tentáculos, convertidos en viaductos, acercaban las zonas de la ciudad que parecía interplanetaria. Con la modernidad los horizontes se ampliaron. Algunas familias de *Cerro Grande* se mudaron hacia el este o el sureste de la ciudad, pocas de las fundadoras permanecieron en el edificio. Nosotros también nos mudamos. Empezamos a errar para que la policía no nos encontrara, buscando nuevos rumbos.

Cerro Grande empezó a ser recuerdo.

LA NOSTALGIA

Antes de alejarnos de *Cerro Grande* quienes fuimos sus primeros habitantes vimos cómo los alrededores del edificio se desdibujaron con el nuevo urbanismo y el aumento de las construcciones arbitrarias. En El Valle se perdió la noción de dónde quedaban la carretera vieja, la fábrica de chocolates *Savoy*, el sembradío de rosas. Inclusive, la Escuela Militar, ahora llamada Academia Militar, comenzó a quedar más lejos porque cada vez se hizo más difícil el acceso. La solemnidad de la plaza de El Valle y de la iglesia parroquial quedó al margen de una nueva avenida intercomunal. De la urbanización Los Jardines y de las otras en la zona, solo quedaron los nombres como referencias. El pueblo de El Valle, aquel al que llegamos hace cerca de diez años antes, había desaparecido.

Desde entonces, la zona al frente de *Cerro Grande* la han modificado varias veces sin tomar en cuenta el monumento que la precede. Ya es poco parecido a lo que fue. El barrio de atrás, el que hace tiempo devoró la cancha de bolas criollas y el campo de las caimaneras de beisbol, llegó hasta el edificio y los vecinos, para defenderse de las invasiones pero sin ser menos violadores de la obra arquitectónica, tapiaron las columnas de la planta baja, borraron el encanto de aquel espacio, el de la libertad de movimiento.

Cerro Grande, no el edificio sino la parte de atrás, el barrio que había crecido con nosotros, extendió como un pulpo sus tentáculos y se hizo varios barrios, aunque a simple vista pareciera una continuidad infinita, impenetrable. Aquellas precarias construcciones, forzados caminos, múltiples escalinatas y callejones llegaron a la cúspide del cerro y descendieron por la otra falda, donde se encontraron con las tumbas del Cementerio del Sur, las bordearon y siguieron, hasta una zona que en los años cincuenta y principios de los sesenta había sido un hermoso parque tropical que rodeaba la Cota 905 y de allí, la invasión siguió hacia El Pinar, por donde está el primer zoológico de Caracas. Ni las ánimas, ni las fieras detuvieron ese crecimiento habitacional en forma de metástasis.

Para ese entonces, Ely Méndez cantaba una pieza del maestro Billo que se hizo muy popular:

Han cambiado mi Caracas, compañero,
poco a poco se me ha ido mi ciudad...

Sí, ya Caracas era otra. El país y mi familia también. Papá buscaba nuevo rumbo, junto a nosotros, y mamá había recuperado, en la lejanía, la sonrisa.

DURA VENGANZA LA DEL TIEMPO...

A pesar de los agravios urbanísticos y sociales a los que *Cerro Grande* había sido sometido por décadas, ya en el nuevo siglo, el Concejo Municipal lo declaró Bien de Interés Cultural, pero esa declaración no impidió nuevas intervenciones internas y externas al edificio. La vorágine urbana y la insensatez han continuado afectándolo como que si nada.

En un reportaje publicado en el 2014 en el diario *El Nacional* de Caracas, una vecina describe la cotidianidad en *Cerro Grande*: "Aquí los enfrentamientos entre bandas (de delincuentes) no tienen hora. Escuchamos los disparos y nos tiramos al piso. Hay apartamentos que tienen las habitaciones frente al barrio, por lo que a veces es imposible dormir". La reportera también plasma su impresión sobre la violencia instalada en los alrededores: "En la parte de atrás y en varios pisos del edificio Cerro Grande, construido durante el gobierno de Pérez Jiménez en los años cincuenta, se aprecian las perforaciones de balas provenientes del barrio que también son visibles en el módulo de Policaracas, ubicado en la parte baja del edificio".

Cerro Grande, el primer superbloque que se construyó en Caracas, quedó en el medio de un campo de batalla entre delincuentes, el recuerdo de quienes lo habitamos hace décadas y un símbolo de la modernidad latinoamericana que la gente ignora.

EL FINAL ES UN BOLERO

En 2015, en la exposición *Latin America in Construction: Architecture 1955-1980*, realizada en el Museo de Arte Moderno de Nueva York, el croquis de *Cerro Grande* y una foto durante su construcción fueron admiradas por miles de visitantes de todo el mundo. Mientras tanto, en Caracas, una decisión de quién sabe qué autoridad, sustituyó los colores pasteles originales de la fachada del edificio por unos chillones amarillos, verdes, rojos y azules que agreden, aún más, el ambiente y el recuerdo del edificio.

La nueva paleta de colores convirtió a *Cerro Grande* en una inmensa e inamovible carroza de carnaval. Pareciera un esfuerzo de las autoridades por ocultar la angustia cotidiana en la que viven sus habitantes y los vecinos de la parroquia El Valle, transformada, con el avanzar del siglo XXI, en una de las zonas más peligrosas del mundo donde el modernismo fue devorado por la barbarie.

Papá y mamá ya no lo vieron. Nosotros dejamos de verlo, casi nadie lo ve.

GENTE QUE CONTRIBUYÓ
A LA ELABORACIÓN DE ESTE LIBRO
Y AFIANZÓ MI QUERENCIA HACIA ELLA

Guillermo Barrios, coprotagonista de esta historia, con sus agudos ojos de arquitecto y académico enriqueció el texto.

Asdrúbal Barrios, cultor de la amistad con los vecinos de Cerro Grande y cuentista de sus acontecimientos.

José Balza, el escritor, quien me honró en su presentación del texto.

Maru Morales, Sandra Caula, Vanessa Barrios y Elisa Barrios, cuyos comentarios sobre el texto aumentaron mi entusiasmo por lo que estaba logrando.

Carlos Ancheta y Vilena Figuera por sus búsquedas fotográficas que veremos en otra ocasión.

Luis Armando Ugueto, quien estuvo a cargo de la curaduría de las piezas musicales.

Ileana Hernández Grillet, por sus anécdotas de sus reinados de Carnaval y Holanda Bruce, socialité, quien enriqueció la historia con sus vivencias en Caracas a mitad de siglo XX.

A las orquestas Billo's, Los Melódicos, Chucho Sanoja, Aragón y los otros músicos que mencioné en los relatos, por lo que nos han hecho gozar y bailar.

Gracias a quienes me estimularon para que escribiera este libro por lo que me hicieron disfrutar.

Leoncio Barrios

ÍNDICE

CERRO GRANDE | **LEONCIO BARRIOS**
Made in Miami Beach ~ Printing as needed

◊◊◊

2020